AF252895

# LES PERRAULT

PAR

## ANDRÉ HALLAYS

OUVRAGE ORNÉ DE GRAVURES

LIBRAIRIE ACADÉMIQUE PERRIN et Cie

DEUXIÈME ÉDITION

# LES PERRAULT

# OUVRAGES D'ANDRÉ HALLAYS

ACADÉMIE FRANÇAISE — PRIX BROQUETTE-GONIN 1920

*En Flânant*. **A travers l'Exposition de 1900**. Un volume in-16.

*En Flânant*. **A travers l'Alsace**, ouvrage orné de 36 gravures. 18ᵉ édition. Un volume in-8 écu.

*En Flânant*. A Travers la France. **Autour de Paris**. 1ʳᵉ série : Maintenon. — La Ferté-Milon. — Meaux et Germigny. — Sainte-Radegonde. — Senlis. — Juilly. — Maisons. — La Vallée de l'Oise. — Gallardon. — De Mantes à la Roche-Guyon. — Soissons. — Les Jardins de Betz. — Chantilly. — Wideville. — Livry. — Ouvrage orné de 32 gravures. 8ᵉ édition. Un volume in-8 écu.

*En Flânant*. A Travers la France. **Autour de Paris**. 2ᵉ série : Versailles : Le Charme de Versailles ; Le Grand Trianon ; André Le Nôtre, Jean de La Quintinie. — Saint-Cloud. — Le château du Val. — Meulan. — Vallée du Thérain. — L'Abbaye du Val. — Ognon. — Raray. — Nantouillet. — Vitry. — Conflans. — Méréville. — Jossigny. — Provins. — Château-Thierry. — Ouvrage orné de 31 gravures. 5ᵉ édition. 1 volume in-8 écu.

*En Flânant*. — A Travers la France. **Provence**. Grignan. — La descente du Rhône et Orange. — Arles. — Aix. — Montrieux et Valbelle. — Brignoles et la Celle. — Le Thoronet. — Lérins. — Fréjus. — Grasse. — Vence. — Vallée de la Durance. — Fontaine-l'Evêque et Riez. — Digne. — Ouvrage orné de 28 gravures. 9ᵉ édition. Un volume in-8 écu.

*En Flânant*. — A Travers la France. **Touraine, Anjou et Maine**. Blois. — Pèlerinages balzaciens. — Azay-le-Rideau. — Loches. — Valençay. — Chinon. — Richelieu. — Fontevrault. — Oiron. — Montreuil-Bellay. — Asnières. — Val du Loir. — Laval. — Forêt de Bercé. — Solesmes. — Ouvrage orné de 30 gravures. 9ᵉ édition. Un volume in-8 écu.

*En Flânant*. — A Travers la France. **Paris**. Les Miramionnes. — Auteuil au xviiᵉ siècle. — Notre-Dame de Paris sous Louis XIV. — Les Visitandines du Faubourg Saint-Jacques. — L'hôtel de Biron. — Les logis de Mademoiselle Clairon. — La maison où Voltaire est mort. — La tombe de Madame de Talleyrand. — Les logis de Victor Hugo à Paris. — Ouvrage orné de 31 gravures. 7ᵉ édition. Un volume in-8 écu.

*En Flânant*. A Travers la France. **De Bretagne en Saintonge**. Kerjean. — Madame de Sévigné en Bretagne. — Serrant. — Fontenay-le-Comte. — Luçon. — La Rochelle. — Brouage. — Saintes. — La Roche-Courbon. — Ouvrage orné de 30 gravures, 5ᵉ édition. Un volume in-8 écu.

*En Flânant*. A Travers la France. **Bourgogne. Bourbonnais. Velay et Auvergne**. Bussy-Rabutin. — Montbard. — Tonnerre. — Beaune. — Vézelay. — Pontigny. — Fontenay. — Le Val de la Haute-Seine. — Moulins. — Souvigny. — Bourbon-l'Archambault. — Langlard. — Le Puy. — A Travers le Velay. — Riom. — Clermont-Ferrand. — Saint-Saturnin. — Thiers. — La Chaise-Dieu. — Ouvrage orné de 14 gravures. 6ᵉ édition. Un volume in-8 écu.

FRONTISPICE DESSINÉ PAR LE BRUN

pour le manuscrit du « Recueil de divers ouvrages en prose et en vers »

de CHARLES PERRAULT

*(Musée Condé)*

# LES PERRAULT

PAR

## ANDRE HALLAYS

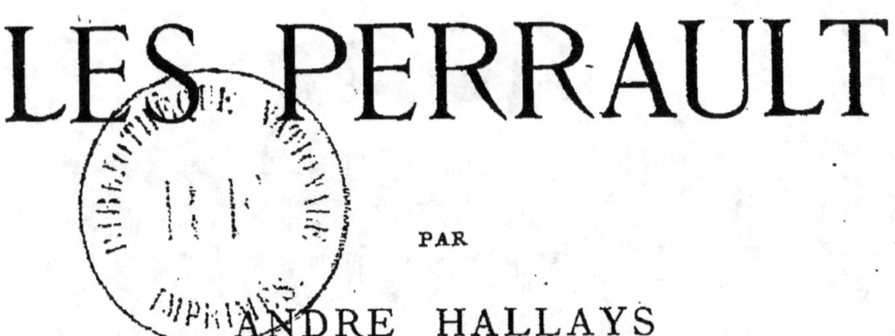

OUVRAGE ORNÉ DE GRAVURES

PARIS

LIBRAIRIE ACADÉMIQUE

PERRIN ET Cⁱᵉ, LIBRAIRES-ÉDITEURS

35, QUAI DES GRANDS-AUGUSTINS, 35

1926

A MON CHER AMI

LÉON LINDET

A. H.

# AVANT-PROPOS

On trouvera dans cet ouvrage quatre conférences sur Charles Perrault que la Société des conférences avait bien voulu me demander, l'an passé.

J'ai cru devoir reprendre et compléter ce travail avant de le publier. J'avais épargné à mon auditoire certains détails d'histoire littéraire et artistique qui ont cependant leur place dans un livre sur les Perrault ; puis, comme je m'étais attaché surtout à la personne et aux œuvres de Charles, j'avais laissé dans l'ombre le plus illustre de ses frères, Claude, l'architecte du Louvre. Je me suis efforcé de combler ces lacunes et de tracer un portrait de toute cette famille singulière.

Pour garder le ton de la causerie et ne point multiplier les notes au bas des pages, j'ai rejeté à la fin du volume les « curiosités », les controverses et quelques longues citations.

Dans les pages qui suivent, les travaux du

*regretté Paul Bonnefon seront plus d'une fois cités ; je veux dire tout de suite qu'ils ont beaucoup simplifié et abrégé mes recherches.*

*M. Macon, conservateur du Musée Condé, M. L. de Grandmaison, archiviste du département d'Indre-et-Loire, et M. Morel-Payen, conservateur de la Bibliothèque de Troyes, ont bien voulu m'apporter le secours de leur érudition : je les prie de trouver ici l'expression de ma gratitude.*

*A. H.*

I

# UNE FAMILLE DE BOURGEOIS AU DIX-SEPTIÈME SIÈCLE

I. — LA TRIBU DES PERRAULT

Il était une fois un bourgeois bon chrétien et honnête homme qui exerçait la profession d'avocat au Parlement de Paris. Il venait de Touraine[1] et s'appelait Pierre Perrault. Il épousa Pâquette Leclerc. Ils eurent beaucoup d'enfants : Jean qui fut avocat, Pierre receveur des finances de la ville de Paris, Claude médecin et architecte, Nicolas docteur en théologie, Charles contrôleur des bâtiments du Roi, François mort en bas âge, Marie qui vécut seulement treize ans et une autre fille dont on ignore le nom[2].

Cette famille avait du bien et de la considération : on y cultivait l'amour des lettres, la curiosité des sciences et le respect de la loi divine. Le vieux Perrault, dit son fils Charles, montrait « un soin particulier de fortifier de bonne heure ses enfants contre les erreurs populaires, de leur ins-

1. Appendice I.

2. *Journal du voyage à Bordeaux de Claude Perrault,* 21 octobre 1669 : « J'écrivais cette matinée..., à ma sœur à Viry. »

pirer les maximes les plus pures de l'Évangile et
de leur ouvrir l'esprit aux plus belles connaissances. »

Un jour, Boileau, qui ressentait à l'égard des
Perrault une sérieuse antipathie (nous verrons pourquoi), écrivit qu'il y avait une « certaine bizarrerie
d'esprit dans cette famille ». Charles Perrault lui
répondit vertement : « Ma famille est irréprochable,
et elle l'est à un point que je lui ferais tort, si je me
donnais la peine de la justifier de votre calomnie.
On n'y trouvera que des gens de bien, des gens de
bon sens, officieux, bienfaisants et amis de tout le
monde. » Il avait raison : lui et ses frères étaient
de bonne race, vertueux, dévoués à leurs amis,
probes jusqu'au scrupule, un peu frottés de jansénisme. Cependant Boileau non plus n'avait pas
tort : tous ces Perrault montrèrent dans leurs idées
comme dans la conduite de leur vie, quelque chose
d'irrégulier, de paradoxal qui devait exaspérer Boileau.

D'abord, ils étaient tourmentés d'une passion de
la nouveauté poussée jusqu'à la manie. Bien avant
que n'éclatât la grande querelle des Anciens et des
Modernes, déchaînée par Charles Perrault, Pierre,
Claude et Nicolas avaient déjà traité avec la dernière irrévérence les auteurs de l'antiquité.

Autre singularité, commune à toute la famille :
chacun des Perrault, doué des aptitudes les plus
différentes, se consacra, soit successivement, soit

en même temps, aux tâches les plus variées. Après s'être ruiné dans la finance, Pierre s'adonna aux sciences et aux lettres ; Claude avait passé la cinquantaine, quand il renonça à la médecine pour se livrer à l'architecture ; Nicolas fut un saint homme, mais il débuta par une parodie assez égrillarde du sixième livre de *l'Enéide* ; après avoir été un poète médiocre, un prosateur élégant, un fonctionnaire irréprochable et un parfait académicien, Charles publia, à soixante-neuf ans, des contes de fées.

Accusé par le même Boileau d'être insensible à tout ce qui touche ordinairement les hommes, Charles faisait cette remarque : « Comment pouvez-vous m'accuser d'insensibilité sur ce qui touche ordinairement les hommes, moi qui, à la vérité, ne suis pas fort habile dans tous les arts et dans toutes les sciences, mais qui suis connu pour les aimer avec passion, et pour n'avoir point donné sujet de me reprendre toutes les fois que j'ai eu occasion d'en écrire. » C'était se définir à merveille. Lui et ses frères étaient des amateurs, des amateurs passionnés. On méprise trop les amateurs, on les traite sans pitié de nomades et de touche-à-tout. Ils n'ont pas de génie, parfois ils n'ont même pas de talent, mais ils ont un mérite rare : ils aiment ; c'est pourquoi il serait chrétien de leur beaucoup pardonner. Puis ces esprits errants nous réservent de belles surprises : tandis qu'ils battent les routes au gré de leur curiosité, une chance heureuse les met parfois sur le chemin de leur vocation ; alors un vieux médecin bâtit la colonnàde du Louvre et un vieux versificateur écrit la délicieuse *Cendrillon*.

Il faut ajouter que tous ces Perrault furent des hommes « à idées », toujours prêts à la dispute et à l'argumentation. Si cette famille encyclopédique eût vécu de notre temps, elle aurait sans doute fondé un journal où chacun des frères aurait pu traiter indifféremment de la politique, des lettres, des sciences et des arts.

Rapprochés par de singulières affinités de goût et d'humeur, les Perrault vécurent étroitement unis. Ils mirent en commun leurs talents et leurs projets. Ils s'entr'aidèrent : Charles, le plus jeune, fut dix ans commis chez son frère Pierre ; plus tard, il prit par la main Claude, son aîné, et le fit profiter de la faveur de Colbert. Quand, dans sa vieillesse, il écrira ses *Mémoires*, il fera, en réalité, une apologie de sa famille. Il est impossible de séparer un Perrault de sa tribu.

Pour peindre la famille je me servirai surtout des charmants *Mémoires* de Charles Perrault. Celui-ci les a rédigés à l'intention de ses enfants, et ils ne furent publiés que longtemps après sa mort. Ils sont écrits avec une délicieuse simplicité. Sauf sur quelques détails on ne peut prendre en défaut ni la bonne foi ni la mémoire du conteur. En outre j'utiliserai les excellentes études de Paul Bonnefon où des vues littéraires nouvelles et pénétrantes se mêlent à des recherches très minutieuses, très exactes. Dispersés dans la *Revue d'histoire littéraire* et dans la *Gazette des Beaux-Arts* ces essais n'ont jamais été rassemblés. Paul Bonnefon a publié plusieurs morceaux inédits des frères Perrault, éclairé des points obscurs de la biographie et de la bibliographie de Charles, rétabli le véritable texte des *Mémoires* que les premiers éditeurs avaient dénaturé.


## II. — NICOLAS, POÈTE BURLESQUE
## ET THÉOLOGIEN


Jean, l'aîné des fils de Pierre Perrault, fut avocat comme son père, « très habile, au dire de son frère Charles, sachant son métier parfaitement, et ayant de l'esprit et de l'éloquence autant que pas un de ses confrères ». Cependant « il ne faisait presque rien dans sa profession ; il valait beaucoup, mais il ne se faisait pas valoir ». Il mourut au cours d'un voyage qu'il fit, en 1669, avec son frère Claude, et il fut inhumé dans l'église Saint-Rémy de Bordeaux. De lui nous ne savons rien de plus. C'est le seul des Perrault qui semble avoir montré quelque constance dans ses goûts et ses occupations.

Nous sommes mieux informés de la vie de Nicolas, qui fut docteur en Sorbonne. Il se destinait à
l'Église et était déjà bachelier en théologie[1] quand
il s'amusa, avec Charles et Claude, à mettre en vers
burlesques le sixième livre de *l'Énéide*. C'était lui
l'auteur de deux vers célèbres qui ravirent d'aise
Cyrano de Bergerac. Parmi les héros qui, dans les
Champs-Élysées, reprenaient les occupations et
répétaient les gestes de leur vie terrestre, on voyait
le cocher Tydæus.

> Qui, tenant l'ombre d'une brosse,
> En brossait l'ombre d'un carrosse.

Au goût de la parodie, Nicolas joignait la passion
de la mécanique et des mathématiques. Cependant
il abandonna bientôt les sciences humaines ; non
content de mépriser « les divertissements du monde »,
il sacrifia jusqu'à ceux de l'esprit et chercha la vérité
uniquement dans l'Écriture et dans les Pères. Le
jour où il soutint en Sorbonne sa thèse de doctorat,
sa renommée de théologien était déjà si grande que
les professeurs renoncèrent à faire leur leçon et se
rendirent avec leurs élèves dans la salle où le nouveau docteur devait argumenter.

Ses opinions sur la Grâce le rapprochaient des
jansénistes. En 1658, lorsque certaines proposi-

---

1  Le sujet de sa thèse était : *Quis ostendet nobis bona ?* (Bibliothèque nationale. Mss fonds français, n° 24 713).

tions d'Antoine Arnauld furent soumises à l'examen de la Sorbonne, il défendit l'accusé qu'il n'avait jamais vu et dont, par souci d'impartialité, il refusa de faire la connaissance. « Je n'ai point voulu, disait-il, voir M. Arnauld pour être assuré autant qu'on peut l'être que les sentiments que j'ai sur la Grâce ne me viennent point de la chair et du sang, que ce n'est point l'amitié qui m'engage à soutenir une opinion plutôt qu'une autre, et pour avoir lieu de croire que ce n'est que Dieu qui m'inspire. » Il prit donc la parole en Sorbonne et la garda cinq quarts d'heure. Le chancelier qui présidait l'assemblée fut frappé de la clarté et de la pertinence de la harangue. « Il a parlé, disait-il, en avocat et non pas en docteur. » C'était sans doute de son père, le vieil avocat, que Nicolas avait hérité ce goût et ce talent de plaider : ses frères furent, nous le verrons, d'infatigables argumentateurs.

Cependant le procès d'Antoine Arnauld faisait grand bruit dans le public. Les mots de grâce *efficiente* et de grâce *efficace*, de pouvoir *prochain* et de pouvoir *éloigné* revenaient dans tous les entretiens. Bien qu'en ce temps-là les gens du monde ne fussent pas étrangers aux controverses de théologie, ils distinguaient assez mal le fond du débat. Les Perrault et quelques-uns de leurs amis se réunirent et prièrent Nicolas de leur exposer le litige. Le docteur le fit avec tant de clarté que la question parut à tous les auditeurs ne pas mériter tout le bruit qu'elle causait. Aussi l'un d'eux alla-t-il chez M. Vitart, l'intendant du duc de Luynes, dont on connaissait les relations étroites avec Port-Royal : les « messieurs », dit-il, se devaient d'informer le public de ce qui se passait en Sorbonne, afin de le « désabuser de la créance où il était qu'on accusait Arnauld de choses fort atroces ». Huit jours après, M. Vitart vint trouver Charles et Pierre Perrault ; il tenait à la main la première des *Lettres à un provincial*, de Blaise Pascal : « Voilà, fit-il, le fruit de ce que vous me dites, il y a huit jours. »

Arnauld fut censuré. Nicolas, comme les soixante-dix docteurs qui avaient refusé de signer la condamnation, fut expulsé de la Sorbonne. Dès lors il vécut dans la retraite et cessa d'assister aux assemblées des prêtres de Saint-Étienne-du-Mont, sa paroisse. Il ne voulut jamais accepter de bénéfice ; sa seule ambition eût été d'enseigner la théologie en Sorbonne. Il demeura fidèle à la cause janséniste, et quand les « amis de la vérité » eurent à se demander s'ils signeraient le Formulaire, non seulement il refusa de signer, mais il ne cessa d'écrire à ceux du parti pour les exhorter à la résistance. Comme l'abbé Le Roy et comme Pascal, il blâmait Arnauld de conseiller la signature.

Ces tracas et ces tristesses ruinèrent sa santé déjà chancelante : il mourut à trente-huit ans. Sa mort consterna les jansénistes. Il laissait un traité de la *Résidence des évêques*, une compilation intitulée : *Morale des Jésuites extraite fidèlement de leurs livres imprimés avec la permission et l'approbation des supérieurs de leur ordre* et une étude sur la *Blanque*, sorte de loterie ; dans ce dernier écrit il condamnait sévèrement tous les jeux de hasard au nom de la morale chrétienne.

La mémoire de ce vertueux janséniste resta en grande vénération parmi les siens. Grâce à lui, des liens d'amitié se nouèrent entre les Perrault et les Arnauld. Lorsque, pour exalter les modernes, Charles Perrault célébrera avec un fervent enthousiasme l'éloquence de Pascal, il se souviendra sans doute de cette réunion de famille d'où était sorti le projet des *Provinciales*.

Des vers burlesques, de la théologie et des mathématiques : Nicolas porte déjà le signe de la famille [1].

## III. — PIERRE, RECEVEUR DES FINANCES ET HYDROLOGUE

Un autre des Perrault, Pierre, fut victime d'une triste mésaventure. Il acheta la charge de receveur général des finances de Paris. Malheureusement Louis XIV eut la généreuse pensée de faire remettre

1. Appendice II.

au peuple tout ce qui pouvait être dû sur les tailles des dix dernières années : frustrés de ces recouvrements sur lesquels ils étaient en droit de compter, les infortunés receveurs tombèrent dans le plus cruel embarras. Pierre se trouva en avance de 400 000 livres ; il eut l'imprudence de prélever quelques deniers sur le courant de l'année 1664, et ne put verser les sommes qu'il devait au trésor royal. Colbert ne se laissa point toucher par les instances de Charles Perrault à qui, cependant, il témoignait alors la plus grande faveur. Pierre fut obligé de vendre sa charge, de rendre compte de ses années d'exercice, et demeura « sans même un valet pour le servir ». Il eut voulu pouvoir au moins dédommager trois ou quatre de ses proches parents qui étaient ses créanciers : le surintendant fut impitoyable. Pierre se consola de ses déboires en cultivant les sciences et les lettres.

Il se livra d'abord à l'hydrologie, et composa un petit livre sur l'*Origine des fontaines*, qu'il dédia à Huygens, le grand savant hollandais que Colbert avait attiré et retenu en France. Les petits ruisseaux font les grandes rivières, dit la sagesse des nations. Pierre Perrault, qui avait le goût des opinions nouvelles, entreprit de prouver que les grandes rivières font les petits ruisseaux. Voici sa thèse : « Les fontaines ne sont point la cause des rivières, mais ce sont les rivières qui sont la cause des fontaines, et s'il n'y avait point de rivières, il n'y aurait point

de fontaines. » Il ajoute avec fierté : « Cette proposition n'a encore été avancée par personne. » En
effet ; et nous croyons que, depuis Pierre Perrault,
personne ne s'est avisé de la soutenir. On nous dis-
pensera d'exposer comment, selon lui, les eaux des
rivières, filtrant à travers le sol, remontent par
capillarité jusque sur les hauteurs où elles forment
les sources, qui, à leur tour, s'écoulent dans les
rivières. D'ailleurs, une gravure qui sert de frontispice au livre, et qui est probablement de Pierre
Perrault lui-même, illustre cette théorie du monde
à l'envers. On y voit la nymphe d'une rivière dis-
tribuer l'eau de son urne à une troupe de petits
génies, et, munis de cruches, ceux-ci font la chaîne
jusqu'au sommet d'une colline dont ils remplissent
les fontaines.

Ensuite il ébaucha deux dialogues : l'un est une
critique pesante et fastidieuse de *Don Quichotte*,
l'autre une comparaison des *Iphigénie* de Racine
et d'Euripide. Il se divertit à traduire de l'italien la
*Secchia rapita* de Tassoni. Dans la préface de
cette traduction, il développa les mêmes idées que
son frère Charles devait défendre — avec plus
d'agrément — dans ses *Parallèles des anciens et
des modernes* :

Je crois, disait-il, que la grande réputation en laquelle
nous voyons encore à présent les anciens auteurs, ne
leur a été donnée qu'à cause que leurs ouvrages ont paru

dans un temps où les esprits étaient grossiers et sans érudition ; et, comme en effet ces ouvrages étaient bons et
que les autres ouvrages qu'il y avait alors ne leur étaient
pas comparables, ils excitèrent une haute estime, laquelle,
s'étant fortement insinuée dans les esprits de ce temps-là,
passa des pères aux enfants, des maîtres aux écoliers, qui
s'en laissèrent prévenir par une soumission aveugle qu'ils
avaient comme des jeunes gens, pour les avis de leurs
pères et de leurs maîtres qui les assuraient que ces ouvrages
étaient divins et inimitables.

On voit que Pierre Perrault ne se distinguait pas
par la limpidité du style.

Finances, hydrologie et littérature : encore un qui
tenait de famille.

## IV. — CLAUDE, RIMEUR ET MÉDECIN

Claude fut médecin, physicien, naturaliste,
architecte, latiniste, archéologue, constructeur de
machines et rimeur à l'occasion. C'est le plus Perrault des Perrault.

Dans les cinquante premières années de sa vie,
il se contenta d'exercer la médecine. Il fit ses études
à la Faculté de Paris. Afin d'être reçu bachelier, il
choisit ces trois sujets de thèse : *Y a-t-il une
vieillesse de l'âme, comme il y en a une du corps?
— Peut-on, sans danger, dans les jours de l'été,*

CLAUDE PERRAULT

Gravé par Edelinck, d'après le portrait de Vercelin.

*rafraîchir le vin avec de la glace? — En cas de tremblement invétéré de la tête ou des membres, faut-il poser des cautères?* Pour le doctorat il soutint trois autres thèses : *Un médecin peut-il se marier? Peut-il voyager? — Un médecin peut-il abandonner un malade? Peut-il faire prix avec lui? — A l'approche de la fièvre quarte, faut-il pratiquer une saignée? ordonner une purgation?* Dans le texte latin, ces questions ont je ne sais quoi de cocasse et de grandiose qui fait tout de suite songer à la Cérémonie du *Malade imaginaire.*

Claude fut-il un habile médecin? Boileau l'a contesté, mais Boileau est suspect. Claude Perrault soignait sans doute les gens selon la mode de son temps : il les purgeait, il les saignait, et ils n'en mouraient pas tous.

Il nous a laissé la curieuse relation d'un voyage qu'il fit à Bordeaux avec son frère Jean, l'avocat. Ce dernier tomba malade, et trois célèbres médecins bordelais furent appelés à son chevet. Dans son journal, parmi de nombreuses remarques sur les monuments et les antiquités de la ville, Claude a consigné ses propres ordonnances et celles de ses confrères, car, naturellement, la Faculté était divisée ; il y avait discorde entre les quatre consultants. Quoi qu'il en fût, cette fois le patient trépassa.

Dans cette première partie de son existence, Claude avait déjà entrepris les études de physique et d'histoire naturelle qui devaient lui mériter le renom d'un savant et le faire entrer à l'Académie des sciences.

Quant à l'architecture, il en eut le goût dès sa jeunesse, et l'on découvre un indice de sa vocation dans un de ses premiers essais littéraires. Charles avait imaginé un poème burlesque, *les Murs de Troie*, dont Claude écrivit le second chant. On y voit Neptune occupé à faire construire les remparts d'Ilion par une troupe de maçons limousins. Plusieurs scènes de cette facétie révèlent déjà « l'homme du métier », je veux dire l'architecte, non le poète.

> Cependant las et tout en nage
> De son pénible maçonnage,
> Neptune le ventre au soleil
> Goûtait un paisible sommeil,
> Durant que la troupe emplâtrée,
> Sur terre comme lui vautrée,
> Achevait sans trop se peiner
> Le reste de son déjeuner.
> Déjà l'un mettait sa jambette
> Nonchalamment dans sa pochette,
> Avalant son dernier morceau
> Après avoir bu dans un seau.
> Un autre essuyait de sa basque[1]
> Les moustaches d'un vilain masqué
> Que la sueur sur son minois
> Lui fit en passant des gravois.

1. Note de Claude Perrault : En 1653, les basques des pourpoints étaient d'une grandeur énorme.

> Lorsque l'heure étant achevée
> Qui, pour manger est réservée,
> Le sommeil du dieu fut rompu
> Par maint et maint coup de l'estu[1],
> Par maints raclements de truelles,
> D'auges, de rabots et de pelles,
> Par maints traînements de sabots
> Sur les planches des échafauds,
> Par la rude et triste harmonie
> Des sons aigus d'une poulie,
> Joints aux plaintifs gémissements
> De toute sorte d'instruments.

Le vocabulaire, les mœurs, les gestes de la « troupe emplâtrée », tout révèle ici que le rimeur a pratiqué la bâtisse et flâné sur les chantiers.

On se représente volontiers Claude Perrault en bonnet pointu, monté sur sa mule, parcourant Paris en long et en large pour se rendre chez ses malades. De temps en temps il ralentit le pas de sa monture, il rumine quelques vers, médite un problème de mécanique, considère les échafaudages d'un bâtiment en construction. Il rêve d'embellir la ville, il se voit à la tête d'une troupe de Limousins occupés à élever des palais et des arcs de triomphe. Puis il reprend sa course par les rues fangeuses, reçoit la boue des carrosses, et se répète comme le médecin de Molière : « Paris est étrangement grand, et

_______________
1. Note de Claude Perrault : Marteau des Limousins.

il faut faire de longs trajets quand la pratique donne un peu. »

Un jour, son sort va brusquement changer : Charles, son cadet de quinze ans, a l'heureuse fortune de posséder la confiance de Colbert, et il n'a garde d'oublier Claude, dont il sait les goûts et les talents.

A partir de ce moment les destinées des deux frères seront intimement mêlées.

II

# ENFANCE ET JEUNESSE
# DE CHARLES PERRAULT

## I. — LES CADEAUX DES FÉES

Quand le cinquième des fils de M. Perrault vint
au monde, un de ses frères aînés et une de ses cou-
sines, Françoise Pépin, le tinrent sur les fonts de
l'église Saint-Étienne-du-Mont et le nommèrent
Charles. Après le baptême, le compère, la commère,
le nouveau-né, la nourrice et toute la famille se trouvèrent réunis dans la salle de la maison de M. Perrault. Il y avait dans cette assemblée trois étran-
gères qu'à leurs traits imposants et à leurs vête-
ments magnifiques tout le monde reconnut pour
des fées. C'étaient de bonnes fées, on ne pouvait
s'y tromper, car elles souriaient et se montraient
impatientes de parler.

« Ce petit enfant, dit la première, deviendra un
des plus beaux esprits de son temps, il composera
toutes sortes d'ouvrages en prose et en vers, il sera
parmi les illustres d'une académie que fondera
bientôt Mgr le cardinal de Richelieu et qui rendra
immortels tous ceux qui auront fait partie de la

compagnie. » (Cela se passait le 13 janvier de l'année 1628.)

La seconde annonça qu'un grand ministre confierait à ce bel esprit le soin des bâtiments du plus glorieux des rois.

Les assistants se réjouissaient déjà de si belles promesses, mais ils changèrent de visage, quand ils entendirent la troisième fée déclarer que ce garçon-là serait mêlé à de terribles disputes et ne craindrait pas de défier un ogre en combat singulier. Cependant, ils se rassurèrent, car la fée ajouta que cet ogre ne serait pas de ceux qui se nourrissent de chair fraîche, et que toute son ogrerie consisterait à faire la satire des poètes qu'il n'aimait pas.

A ce moment, on entendit sur les degrés un bruit de gros sabots, et l'on vit entrer une vieille femme qui tenait une quenouille : elle portait un bonnet de campagnarde, un tablier blanc retombait sur sa jupe de bourre de laine. Les petits enfants la reconnurent tout de suite et crièrent : « C'est ma mère Loye! » Les autres fées lui firent une profonde révérence, car chacun sait que ma mère Loye est la mère de toutes les fées. « Mes filles, dit-elle, vous êtes de jeunes étourdies. Vous comblez de vos présents celui que vous prétendez favoriser, mais vous n'avez point réfléchi qu'un homme ne saurait être doué de talents si divers sans que sa gloire en pâtisse. Grâce à vous, il se distinguera en tout, et n'excellera en rien. Je ne puis défaire ce que

vous avez fait, mais voici le don de ma mère Loye :
quand notre filleul aura accompli le destin que
vous lui avez tracé sans discernement, devenu vieux,
il se rappellera quelques contes de ma façon ; il les
contera à son tour, mais avec une grâce si nouvelle,
si touchante, dans un style si pur, si limpide, qu'en
les écoutant tous les petits enfants battront des
mains, tandis que les personnes de goût tiendront
les Contes de Perrault pour un des plus jolis ouvrages
de la langue française. » Les trois jeunes fées s'en
furent assez penaudes, et les sabots de ma mère
Loye sonnèrent de nouveau sur les degrés du logis
de M. Perrault[1]...

## II. — AU COLLÈGE ET AU LUXEMBOURG

M^me Perrault apprit à lire à son fils. Ce fut peut-
être sur les lèvres maternelles que Charles Perrault
recueillit les contes que lui-même devait redire à
ses enfants.

A huit ans on le mit au collège de Beauvais. Son
père avait coutume de lui faire répéter ses leçons
et l'obligeait à les résumer en latin. Dès le collège
sa vocation se manifesta : il aimait mieux écrire

---

1. Un critique vétilleux me fait remarquer que Charles avait un
frère jumeau, qu'il n'en est pas ici question, et que cela infirme la
vérité du récit. C'est très juste.

des vers que de la prose, et il les écrivait si bien
que les régents refusaient de croire qu'il en fût
l'auteur. C'est lui qui nous le dit, et il ajoute :
« J'ai remarqué que ceux de mes compagnons qui
en faisaient bien, ont continué d'en faire, tant il
est vrai que ce talent est naturel et se déclare dès
l'enfance. » Il continua jusqu'au trépas, et cette
facilité naturelle ne fut pas le meilleur de sa gloire.

Il réussit particulièrement en philosophie où il se
plaisait à discuter avec son régent. (Nous verrons
qu'il passa une partie de sa vie à versifier, l'autre à
argumenter.) Il prit avec ce maître de telles libertés
qu'un jour il s'ensuivit une véritable altercation.
Ayant été rappelé deux fois au silence, l'élève
indocile se leva, fit une révérence au régent ainsi
qu'aux autres écoliers, et sortit de la classe, suivi
d'un de ses camarades appelé Beaurain. Les deux
compagnons passèrent la porte du collège, gravi-
rent la rue de la Harpe, sortirent de la ville par la
porte Saint-Michel et s'en furent au Luxembourg.
Là, autour des parterres du jardin de Marie de
Médicis, ils respirèrent enfin l'air de la liberté et
jurèrent de ne plus jamais retourner au collège :
ils poursuivraient leurs études ensemble. Nous
ignorons si l'escapade fut du goût de la famille
Perrault et de la famille Beaurain. Il y eut peut-
être du grabuge au logis. Quoi qu'il en fut, les deux
évadés tinrent le serment dont avaient été témoins
les moineaux du Luxembourg.

Trois années durant, Beaurain vint chaque jour chez Perrault, de huit à onze heures du matin et de trois à cinq heures de l'après-dîner. Ensuite tous deux allaient se promener au Luxembourg. Beaurain, plus studieux que Perrault, lisait encore, une fois rentré à la maison; chaque jour il entretenait son ami de ses lectures de la veille.

« Si je sais quelque chose, dit Perrault, je le dois particulièrement à ces trois ou quatre années d'études. Nous lûmes presque toute la Bible et presque tout Tertullien, l'*Histoire de France* de La Serre et de Davila ; nous traduisîmes le traité de Tertullien *de l'habillement des femmes;* nous lûmes Virgile, Horace, Corneille, Tacite et la plupart des auteurs classiques dont nous fîmes des extraits que j'ai encore. »

Quel labeur! Quelle ardeur! Mais quel tohu-bohu! D'où leur put venir l'idée de traduire le traité *de l'habillement des femmes* quand ils se contentaient de lire Virgile et Tacite? Pour ne pas s'égarer au milieu de tant de lectures, il eût fallu au jeune Perrault un goût délicat et aiguisé qui n'était pas de son âge. Il n'avait qu'une charmante témérité, cet enthousiasme éperdu qu'inspire aux adolescents la pensée d'être en désaccord avec l'opinion universelle et de reviser le jugement des siècles. Pour son malheur, lui-même n'a jamais revisé l'opinion qu'il s'était faite de l'antiquité avec son camarade Beaurain sous les ormeaux du Luxembourg. Celui qui a appris sans maître chérit à tout jamais les idées qu'il a adoptées dans sa prime jeunesse, avant l'âge du discernement; il y tient comme aux filles de son imagination.

Un jour, Beaurain lui propose de faire une parodie du sixième livre de *l'Enéide*. Le burlesque est alors en pleine vogue : Scarron vient de publier les sept livres de son *Virgile travesti*, et à son exemple, un grand nombre de versificateurs, du Fresnoy, Brébeuf, Furetière, se sont abattus sur *l'Enéide* et en font le thème de leurs farces de carnaval. L'idée plaît à Perrault. Les deux jeunes gens se mettent à la besogne. Les folies qui leur passent par la cervelle leur semblent si plaisantes qu'ils en ont des accès de fou rire. Nicolas, le théologien, qui travaille dans la chambre voisine, veut savoir la cause du tapage. Il offre sa collaboration : Pierre, puis Claude le médecin, veulent être de la partie. L'ouvrage terminé, Charles le recopie de sa plus belle écriture, et Claude illustre le manuscrit de deux dessins à l'encre de Chine.

Ce poème burlesque est du mauvais Scarron, dépourvu de la verve et de la fantaisie qui, de temps en temps, relèvent les grosses facéties du cul-de-jatte. C'est une suite fastidieuse de plaisanteries tantôt ordurières, tantôt glaciales, ou du moins qui nous semblent telles, car le comique de la parodie est celui dont la pointe s'émousse le plus vite.

Voici ce qu'ils ont fait du *Tu Marcellus eris;
manibus date lilia plenis* :

> Las, de douleur le cœur me fend
> Pensant à toi mon cher enfant.
> Hélas! si la rage obstinée
> De la cruelle destinée,
> Si les malheurs par les vertus
> Se voyaient jamais combattus,
> Celles que tu feras paraître
> Te feront partout reconnaître
> Pour le valeureux Marcellus,
> Mais si valeureux que rien plus.
> Ça qu'on lui donne des dragées,
> Que ses pochettes soient chargées
> De conserves, de massepains;
> Ça qu'on lui donne à pleines mains.

Si ces gamineries élaborées en famille avaient été un simple amusement, il serait superflu de s'y arrêter. Mais les Perrault récidivèrent. Ils firent ce poème des *Murs de Troie ou l'invention du burlesque* dont le premier livre fut écrit en commun et le second tout entier par le médecin : nous en avons cité un fragment qui suffit à en faire connaître l'extrême platitude. Cette fois, le cas était plus grave : une préface avertissait le lecteur qu'il ne s'agissait pas d'un pur divertissement, mais bien d' « une satire contre la poésie des anciens, ou plutôt contre les modernes qui ont affecté d'imiter les anciens ». Le poète burlesque prétend montrer ce

qu'il y a d' « indécence », d' « affectation », de
« bassesse » chez les anciens. Bien entendu, il proteste qu'il veut attaquer « l'abus » de l'imitation car
il a « non seulement beaucoup d'estime pour les
poètes anciens, mais même pour ceux qui les imi-
tent, et qu'il est charmé de Virgile, d'Ovide, de
Lucain, de Juvénal, de Martial, quoiqu'il ne trouve
pas que les ouvrages de ces grands personnages
égalent ceux des poètes de notre temps ». C'est
l'attitude que Charles Perrault prendra vingt-cinq
ans plus tard dans son poème sur *le siècle de
Louis XIV*. Cette préface des *Murs de Troie*
est le premier manifeste de la famille contre les
anciens.


## III. — AU PALAIS ET A VIRY


Cependant, l'heure étant venue de choisir une
carrière, Charles se prépara à suivre celle de son
père.

Pour être avocat, il fallait « prendre des licences »,
formalité qui, en ce temps-là, n'était pas très difficile à remplir, surtout à l'Université d'Orléans :
on en va juger.

Au mois de juillet 1651, Charles et deux de ses
amis partirent pour Orléans.

Dès le soir même que nous arrivâmes, il nous prit fantaisie de nous faire recevoir, et, ayant heurté à la porte des écoles sur les dix heures du soir, un valet qui vint nous parler à la fenêtre, ayant su ce que nous souhaitions, nous demanda si notre argent était prêt. Sur quoi ayant répondu que nous l'avions sur nous, il nous fit entrer et alla réveiller les docteurs, qui vinrent au nombre de trois, nous interroger avec leur bonnet de nuit sous leur bonnet carré. En regardant ces trois docteurs à la faible lueur d'une chandelle, dont la lumière allait se perdre dans l'épaisse obscurité des voûtes du lieu où nous étions, je m'imaginais voir Minos, Æacus et Rhadamante qui venaient interroger des ombres. Un de nous, à qui l'on fit une question dont il ne me souvient pas, répondit hardiment: *Matrimonium est legitima maris et fœminæ conjunctio, individuam vitæ consuetudinem continens*, et dit sur ce sujet une infinité de belles choses qu'il avait apprises par cœur. On lui fit ensuite une autre question sur laquelle il ne répondit rien qui vaille. Les deux autres furent ensuite interrogés, et ne firent pas beaucoup mieux que le premier. Cependant ces trois docteurs nous dirent qu'il y avait plus de deux ans qu'ils n'en avaient interrogé de si habiles et qui en sussent autant que nous. Je crois que le son de notre argent, que l'on comptait derrière nous pendant que l'on nous interrogeait, servit de quelque chose à leur faire trouver nos réponses meilleures qu'elles n'étaient. Le lendemain, après avoir vu l'église de Sainte-Croix, la figure de bronze de la Pucelle qui est sur le pont, et un grand nombre de boiteux et boiteuses parmi la ville, nous reprîmes le chemin de Paris. Le 27 du même mois, nous fûmes reçus tous trois avocats.

Reçu avocat, il ne lui restait plus qu'à apprendre

le droit ; il l'apprit « fort bien, assure-t-il, quoique sans maître ». Toujours sans maître !

Il plaida deux causes et fut félicité par les juges ; mais l'exemple de son frère Jean qui, malgré son talent, ne réussissait guère dans sa profession, le détourna de traîner sa robe au Palais.

Sur ces entrefaites, Pierre ayant acheté la charge de receveur général des finances de Paris, Charles entra chez lui comme commis. Douce sinécure qui lui permit de mener une vie de loisirs et d'études pendant une dizaine d'années. Dans la riche bibliothèque que le receveur venait d'acquérir, il put satisfaire son amour de la lecture et des beaux livres.

En même temps, il donnait carrière à la passion de l'architecture qu'il partageait avec son frère Claude. Les Perrault possédaient une jolie maison de campagne à Viry, non loin de Savigny, sur les coteaux de l'Orge[1]. Les sources de la colline y ruisselaient sous d'épais ombrages, et formaient des ruisseaux et des cascatelles. Charles, Claude et leurs frères entreprirent de restaurer eux-mêmes le vieux manoir, dit de Pied-de-fer ; ils embellirent les jardins, dessinèrent des avenues et un parterre, bâtirent une grotte d'où l'on entendait

> Par cascade et par bonds, gazouiller doucement
> En cent petits bassins la plus belle eau du monde.

1. Appendice III.

Ces vers sont de Pinchesne, poète qui était
l'ami et l'hôte des Perrault. Ceux-ci faisaient volontiers les honneurs de leur petit Viry. De temps en
temps arrivait de Paris une carrossée de rimeurs et
d'artistes. On admirait les rocailles de la grotte,
l'ordonnance d'une nouvelle construction ; on échan-
geait des dessins ou des rondeaux, et, les jours de
frairie, on dégustait des gélinottes drues et dodues
que l'ami Costar avait envoyées du Mans, et que
Perrault aimait à assaisonner d'un « jus d'orange »,
tandis que les vins ambrés d'Espagne alternaient
avec les vins clairs et pétillants des coteaux de la
Seine. Tous ces bourgeois de Paris avaient l'humeur
passablement bachique.


## IV. — IRIS


Pierre, que sa charge de receveur mettait en rapport avec le surintendant des finances, en profita
pour introduire son cadet chez Nicolas Fouquet.
Charles y rencontra les beaux esprits les plus
célèbres de son temps : Madeleine de Scudéry, Pellisson, Corneille, Brébeuf, Scarron, Conrart, les
précieux et les précieuses, toutes les gloires et toutes
les épaves de l'hôtel de Rambouillet, tous les
illustres de la veille et du lendemain. Ce fut là
qu'il ressentit ses premiers enthousiasmes et noua

ses premières amitiés. Il se mêla aux galantes controverses où chacun apportait la « fleur de son esprit » et il cultiva la littérature qui était en vogue à la cour du surintendant, une littérature « pleine d'inventions agréables et d'ingénieuses feintes », comme la définissait M<sup>lle</sup> de Scudéry. Chez Fouquet il connut aussi les grands artistes qui, après s'être essayés à Vaux, allaient bientôt travailler à Versailles et auxquels il devait un jour transmettre les ordres de Colbert.

Ce fut alors qu'il tourna pour *Iris* ses vers les plus galants. Lorsqu'il racontera sa vie à ses enfants, il leur dira qu'il avait composé le *Portrait d'Iris* « sur une idée en l'air », et que Quinault s'était approprié ce petit poème pour toucher le cœur d'une jeune demoiselle dont il était amoureux, mais Conrart ayant inséré ce *Portrait* dans son recueil, y a ajouté cette note : « C'est M<sup>me</sup> Bordier. »

On ne sait pas, et saura-t-on jamais qui était M<sup>me</sup> Bordier ? Il ne faut le demander ni à Conrart dont tout le monde connaît, sur la foi de Boileau, le « silence prudent », ni à Perrault qui, de sa bien-aimée, ne nous apprend rien, sinon qu'elle était brune. Pour le reste, il prête à Iris toutes les perfections du corps et de l'âme avec une inépuisable générosité, si bien que nous ne distinguons plus rien des traits de la « belle inhumaine » : c'est un chef-d'œuvre de discrétion.

Iris a la taille « noble, riche et belle », les che-

veux « longs, noirs, luisants et déliés », le teint
« rehaussé d'un léger incarnat », les yeux « grands,
doux et noirs », la bouche « petite et vermeille »,
les dents « égales, blanches et lustrées ».

> Sa gorge où le désir s'égare,
> En deux petits monts se sépare
>
> . . . . . . . . . . . . .
>
> Ses bras ronds, fermes et polis,
> Font honte à la blancheur des lis.
> Ses mains sont plus blanches encore.
>
> . . . . . . . . . . . . .
>
> Pour les autres beautés dont Iris est pourvue
> Et qui composent son beau corps,
> Ce sont de précieux trésors
> Qu'elle tient cachés à la vue.

Et son âme !

> Ce beau corps, le plaisir des yeux,
> Est le riche palais d'une âme encor plus belle ;
> Mais d'une âme semblable aux dieux,
> D'une âme toute de lumière,
> Qui connaît toute chose et sait tout enflammer,
> Et dont le seul défaut est d'être un peu trop fière,
> Et de ne savoir pas aimer.

« C'est ce que j'ai fait de mieux dans ce genre-
là », disait Perrault devenu vieux, quand il se rappelait ces vers de jeunesse... et peut-être celle qui
les avait inspirés.

Iris était insatiable. Elle reprocha à son adorateur de n'avoir rien dit de sa voix. L'adorateur

répondit qu'il eût été au-dessus de ses forces de
louer toutes les perfections de son modèle, qu'avant
de célébrer sa voix, il lui eût fallu vanter « sa bonté,
sa générosité, sa conduite, la plus belle qui fut
jamais ». Cependant il s'exécuta et fit le *Portrait
de la voix d'Iris*.

> Ni de deux rossignols l'un de l'autre jaloux
>     Le concert agréable et doux ;
> Ni d'un cygne mourant la musique plaintive ;
>     Ni le murmure d'une eau vive
> Qui roule en gazouillant sur de petits cailloux
>     N'ont point cette douceur naïve,
> L'oreille n'entend rien de si délicieux
> Et telle est seulement la douceur infinie
> Des airs qu'Apollon chante à la table des dieux,
>     Ou l'inconcevable harmonie
>     Du juste mouvement des cieux.

Après onze strophes comme celle-là, Iris dut se
déclarer contente.

Puisque Perrault lui-même nous affirme n'avoir
jamais rien fait de mieux, nous négligerons d'autres
pièces de la même veine, du même temps, et probablement adressées aussi à la mystérieuse M^{me} Bordier.
Nous ne dirons rien non plus des odes de circonstance
qu'il fit à l'occasion de la paix des Pyrénées et du
mariage du roi : elles ne sont ni meilleures ni pires
que ses madrigaux.

On est tenté de dire pour excuser Perrault :
« C'était le goût du temps. » Sans doute ; mais tous

les poètes, même les plus originaux, ont commencé
par suivre la mode régnante, et cependant, toujours
à de certains battements d'ailes on a deviné leur
essor futur. Alors que Perrault composait ses premiers essais poétiques, il paraissait d'autres vers
galants ou élégiaques, d'autres odes de circonstance:
tout n'a point péri de ces ouvrages.

Tandis qu'il chantait une Iris, La Fontaine en
chantait une autre, et même plusieurs autres : comparez aux pauvres rimes de Perrault les touchantes
élégies de La Fontaine et le merveilleux récit qui
termine *Clymène;* comparez à son ode sur la paix
des Pyrénées celle de La Fontaine sur le même
sujet. Voici une des strophes les moins faibles de
Perrault :

> Les Nymphes effarouchées
> Des tambours et des clairons,
> Depuis si longtemps cachées
> Sous l'écorce de leurs troncs,
> Au lieu des aigres trompettes,
> N'ayant plus que les musettes ,
> Dont résonnent les hameaux,
> De mousse et de fleurs parées,
> Dansent toutes les soirées
> Autour des sacrés ormeaux.

Et voici sur le même thème la chanson de La Fontaine :

> O paix infante des cieux,
> . . . . . . . . .

Fais qu'avecque le berger
On puisse voir la bergère
Qui coure d'un pied léger,
Qui danse sur la fougère,
Et qui du berger tremblant
Voyant le peu de courage,
S'endorme ou fasse semblant
De s'endormir à l'ombrage.

En passant notons que La Fontaine qui, un jour défendra les anciens contre Perrault, est ici le plus moderne des deux : il ne va pas réveiller les Nymphes.

Au moment où Perrault s'essoufflait à fabriquer un lourd épithalame pour les noces royales, Racine, qui avait alors vingt ans, faisait haranguer la reine par la *Nymphe de la Seine*, ode juvénile, pleine du jargon de l'époque, mais où, grâce à la divine musique des vers, brillait déjà le plus élégant et le plus gracieux des génies.

Le « goût du temps » n'était donc pour rien dans la médiocrité des vers de Perrault. N'accusons que cette damnable facilité où il voyait un présent des dieux. C'était lui pourtant qui écrivait si justement : « Il faut composer en peintre et finir en sculpteur, c'est-à-dire jeter beaucoup de choses sur le papier d'abord, et ensuite en retrancher toujours. » Il n'a jamais « sculpté » ses poésies. Il disait encore : « On se sert quelquefois d'épithètes moins bonnes qu'on ne voudrait, en attendant qu'on en ait trouvé

de meilleures, comme on se sert parfois d'étais
dans un bâtiment, en attendant qu'on ait taillé les
colonnes. » Il se contentait presque toujours d'épithètes « moins bonnes », et ne prenait pas le temps
de « tailler les colonnes ».


## II. — DIALOGUE DE L'AMOUR
## ET DE L'AMITIÉ


Ce versificateur, lorsqu'il écrivait en prose, retrouvait soudain la concision et la fermeté qu'il était
incapable de mettre dans ses poèmes. En même
temps qu'il alignait ses strophes à Iris, il composait un petit *Dialogue de l'Amour et de l'Amitié*,
modèle du genre précieux où les deux personnages
allégoriques échangent en se querellant des maximes
sentimentales. Rien ne pouvait plaire davantage à
la cour de Fouquet; M^lle de Scudéry devait en raf-
foler. Le surintendant en fit faire une copie sur
vélin avec des enluminures, honneur qu'il réservait
à ses ouvrages préférés et qu'il avait accordé à l'*Ado-
nis* de La Fontaine. Ce dialogue était assurément
« dans le goût du temps »; néanmoins la forme en
est si agréable, le style si gracieux et si pur qu'a-
près deux siècles et demi, le charme de cette bagatelle n'est pas encore évaporé.

L'*Amour* dit à l'*Amitié* en parlant des Amants :

« Pour peu que je leur sois favorable, ils ne croient
pas qu'il y ait au monde de félicité comparable à
la leur ; lors même que je les maltraite, ils se trouvent encore trop heureux de vivre sous mon empire ;
et je vois tous les jours de simples bergers qui ne
changeraient pas leur condition avec celle des rois,
s'il leur en coûtait l'amour qu'ils ont pour leurs bergères, toutes cruelles et ingrates qu'elles sont. »
On a voulu voir dans ces lignes le thème dont
La Fontaine s'inspira pour sa fable des Deux
Pigeons :

> J'ai quelquefois aimé ; je n'aurais pas alors,
>     Contre le Louvre et ses trésors,
> Contre le firmament et sa voûte céleste
>     Changé les bois, changé les lieux,
> Honorés par les pas, éclairés par les yeux
>     De l'aimable et jeune bergère
>     Pour qui, sous le fils de Cythère,
> Je servis, engagé par mes premiers serments.

Il est difficile de ne point préférer les vers de
La Fontaine à la prose de Perrault. Qui sait cependant si le fabuliste ne s'est pas rappelé le *Dialogue*
de l'Amour et de l'Amitié ?

Perrault dédia son opuscule à l'abbé d'Aubignac
qui était, selon lui, « l'arbitre des bonnes choses et
le grand maître des allégories », et il y joignit une
lettre où il conta la généalogie de l'Amour et de
l'Amitié, tous deux enfants du Désir. Dans ce petit

morceau on distingue déjà le tour et l'accent des *Contes de fées*. Il faudra nous en souvenir quand nous aurons à examiner si ces contes sont bien l'ouvrage de Charles Perrault.

La Beauté et la Bonté étaient deux sœurs si accomplies et si charmantes, qu'on ne pouvait les voir, ni les connaître sans les aimer. Quelques-uns les trouvèrent si semblables, qu'ils les prirent souvent l'une pour l'autre, et leur donnèrent aussi le même nom ; mais ceux qui les observèrent plus soigneusement, remarquèrent une très grande différence entre elles : la Beauté avait beaucoup d'éclat et d'apparence, qui donnait dans la vue d'abord ; et sans mentir on pouvait dire que pour la conquête d'un cœur, elle n'avait besoin que d'être regardée : aussi était-elle extrêmement impérieuse et fière ; et quoiqu'elle n'eût ni gardes, ni soldats autour d'elle, il n'était point de rois sur la terre qui se fissent obéir si promptement, et dont l'empire fût plus absolu que la tyrannie qu'elle exerçait sur tout ce qui avait un cœur et des yeux. Elle était fort coquette et aimait passionnément à se produire dans le grand monde, afin de s'attirer des louanges dont elle témoignait ne se soucier pas beaucoup, mais qui, néanmoins, lui plaisaient tellement, qu'elle obligeait et forçait même toutes sortes de gens à lui en donner. La Bonté, au contraire, était fort modeste et fort retirée ; et quoiqu'elle fût d'une humeur assez sociable et assez communicative de son naturel, elle fuyait pourtant la foule autant qu'elle pouvait, et ne haïssait rien tant que de se faire de fête mal à propos. Il est vrai qu'elle n'avait pas ce brillant et cet abord surprenant de sa sœur ; mais quand on s'était donné le loisir de la considérer avec attention, et de la pratiquer quelque temps, on demeurait persuadé qu'elle était infiniment aimable, et que ses charmes étaient bien plus solides et plus véritables que ceux de la Beauté.

Le Désir jeune et bouillant, qui voyageait presque toujours pour satisfaire son humeur prompte et inquiète, se promenant un jour, et cherchant quelque aventure, rencontra la Beauté assise à la porte de son logis, où elle se tenait presque toujours oisive, et seulement pour être vue, pendant que la Bonté, sa sœur, était dans la maison qu'elle gardait, et où elle ne se tenait pas à rien faire : le Désir, dis-je, ayant rencontré la Beauté, se sentit ému et tout hors de soi en la voyant, et comme il était assez hardi de son naturel, il l'aborde, quoiqu'il ne la connût pas ; il la cajole et lui fait cent galanteries qu'elle reçut avec joie. Le procédé brusque et enjoué du cavalier lui plut extrêmement, elle crut voir en lui quelque chose de noble et de généreux, capable des plus hautes entreprises, et qui témoignait une illustre naissance : elle s'imagina même que le ciel l'avait destinée pour lui, et qu'assurément il les avait faits l'un pour l'autre ; de sorte qu'après quelques recherches de la part du Désir, leur mariage s'accomplit assez promptement. De ce mariage naquit l'Amour, qui donna bien de la satisfaction à ses père et mère durant les premiers jours de son enfance ; car au lieu que les autres enfants ne font que crier et pleurer en venant au monde, celui-ci ne faisait que chanter et danser. Il ne demandait qu'à rire, et à se réjouir ; il discourait de toutes choses agréablement ; il faisait même de petits vers et des billets doux les plus spirituels qu'on eût jamais vus. Enfin son père et sa mère en étaient si contents qu'ils rompaient la tête à tout le monde des jolies choses qu'il avait dites ou qu'il avait faites. Mais lorsqu'il fut un peu plus grand, il changea si fort qu'il n'était pas reconnaissable ; il devint rêveur et chagrin ; il ne voulait ni boire ni manger ; il soupirait sans cesse ; il ne dormait point et ne faisait que se plaindre, sans savoir le plus souvent ce qu'il lui fallait, car on ne lui avait pas plutôt donné une chose qu'il en était las, et qu'il en demandait une autre, qui ne le contentait pas plus que la première : enfin c'était bien le plus cruel enfant qui fût jamais, et qui donnât le plus de peine à élever. Mais revenons à notre histoire.

Le Désir, après quelques jours de mariage, ayant jeté les yeux sur la Bonté sa belle-sœur, qu'il n'avait pas encore bien considérée à cause de la grande passion qu'il avait eue d'abord pour sa femme, mais qui commençait un peu à se refroidir ; l'ayant, dis-je, regardée de plus près, il remarqua en elle mille agréments et mille perfections qui le touchèrent sensiblement : surtout il fut charmé de son humeur douce, complaisante et officieuse, qui n'aimait qu'à faire du bien, et dont il y avait lieu d'attendre bien plus de secours dans les besoins et dans les rencontres fâcheuses de la vie, que de la Beauté sa sœur, qui semblait n'être née que pour la joie, et qui, en effet, ne se connaissait point du tout à prendre part aux afflictions. Il la reconnut patiente et généreuse, jusqu'à obliger ceux mêmes qui l'avaient offensée ; en quoi elle était fort différente de la Beauté, qui, bien loin de souffrir des mépris, se fâchait quand on ne la cajolait pas assez galamment. Enfin il jugea que si, dans la possession de la Bonté, on ne goûtait pas des plaisirs si sensibles ni si touchants qu'en celle de la Beauté, on en recevait assurément de plus tranquilles et de plus durables. Épris de tant de perfections et de tant d'aimables qualités, il lui découvre les sentiments qu'il avait pour elle ; la Bonté, qui était facile, et qui ne pouvait refuser ceux qui la priaient de bonne grâce, lui accorda volontiers ce qu'il souhaitait, et le reçut pour son mari ; de leur alliance naquit l'Amitié, qui fut les délices et la joie de tout le monde ; il est vrai que durant son premier âge elle ne fut pas si gentille, ni si agréable que l'avait été l'Amour ; mais lorsqu'elle commença d'être un peu grande, elle parut si belle, qu'elle fut désirée et recherchée de tous ceux qui la virent. On tâchait de la mettre de toutes les parties que l'on faisait, et une compagnie ne semblait pas complète, ni en disposition de se bien divertir, si elle manquait à s'y rencontrer : les philosophes mêmes ne doutaient pas de dire que sa présence diminuait toutes les afflictions et redoublait tous les plaisirs, et que la vie était ennuyeuse sans elle. Il est vrai qu'elle donnait sujet à toutes sortes de personnes de se louer de sa conduite, et qu'elle était aussi sage, et aussi discrète que l'Amour était fou et emporté : aussi son père qui le reconnut dans plusieurs rencontres, se plaignait souvent à elle des déplaisirs que son frère lui donnait, et lui en faisait confidence pour en recevoir du conseil et de la consolation...

A ceux que scandalisait le double mariage du Désir, Perrault faisait observer que « cela s'était passé dans le premier âge du monde où il n'était pas défendu d'épouser les deux sœurs ».

## VI. — LA PETITE ACADÉMIE

La carrière littéraire de Perrault fut brusquement interrompue. Du jour au lendemain, cet amateur, qui écrivait tantôt par amusement, tantôt pour atti-

CHARLES PERRAULT
Gravé par Baudet, d'après le portrait de Le Brun.

rer sur soi les regards des puissants, devint le plus
diligent et le plus appliqué des fonctionnaires.

En 1663, Colbert n'était encore que surintendant
des finances : il ne succéda officiellement à M. de
Ratabon, surintendant des bâtiments, que le 1<sup>er</sup> janvier 1664; mais déjà il s'occupait d'affaires qui ne
concernaient en rien les finances. Désireux de per-
pétuer la mémoire des grandes actions du roi ainsi
que des fêtes et divertissements dont elles étaient
l'occasion, il résolut de former pour cet objet un
petit conseil de gens de lettres. Il jeta les yeux
d'abord sur Chapelain, puis sur l'abbé de Bourzeis
et l'abbé Cassagne. Comme il voulait que les con-
seillers fussent quatre, il consulta Chapelain, et
tout de suite celui-ci proposa son ami Charles Perrault.

Le ministre se rappela avoir lu et trouvé fort
bonne l'ode de Perrault sur la paix, il l'avait même
signalée à Mazarin. Il avait aussi entendu parler des
embellissements de la maison de Viry, et, comme
il se savait à la veille de recevoir la surintendance
des bâtiments, il croyait bon d'appeler auprès de
lui quelqu'un qui pût contrôler les architectes et
les entrepreneurs. Cependant, avant de se décider,
il désira connaître un échantillon de la prose de
son futur commis, et Chapelain pria Perrault de
rédiger un *Discours sur l'acquisition de Dunkerque par le roi*. Cet exercice oratoire, d'une
langue précise et solide, plut au ministre. Ayant

ainsi fait toutes ses preuves, Perrault fut, le 3 février 1663, agréé comme membre du petit conseil qui prit le nom de « petite académie ». Il avait trente-cinq ans.

Peu de temps après, Colbert mena Chapelain, Bourzeis, Cassagne et Perrault faire la révérence au roi. Celui-ci leur adressa ces paroles où se montrait sa superbe courtoisie : « Vous pouvez, messieurs, juger de l'estime que je fais de vous, puisque je vous confie la chose du monde qui m'est la plus précieuse, qui est ma gloire. Je suis sûr que vous ferez des merveilles ; je tâcherai, de ma part, de vous fournir de la matière qui mérite d'être mise en œuvre par des gens aussi habiles que vous êtes. »

L'emploi de la petite académie fut de composer des légendes pour les médailles et des devises pour les tapisseries, monuments et sculptures, de revoir et corriger les ouvrages soit en prose soit en vers qui étaient dédiés à la gloire de Louis XIV. La petite académie fut aussi chargée d'écrire l'*Histoire du Roi*, mais cette tâche lui fut bientôt enlevée, pour être confiée à Pellisson, puis à Racine et à Boileau.

Pendant dix-neuf ans, Perrault sera tout entier aux tâches diverses et accablantes que lui imposera la confiance de Colbert. Durant les dix premières années qu'il passa auprès du ministre, il produira encore quelques pièces d'apparat ou de circons-

tance : *La Peinture*, un petit poème assez ingénieux, encombré d'allégories et d'apologues, où
il célébrera tour à tour Le Brun, Colbert et
Louis XIV ; *Le Parnasse poussé à bout*, lettre à
Chapelain à propos de la conquête de la Flandre ;
une traduction en vers, mais terriblement prosaïque,
de l'*Épître de Michel de l'Hospital au Cardinal
de Lorraine ;* une *Réponse à un poème de
M. Quinault où Apollon se plaint que le
Mécène des gens de lettres* (Colbert) *refuse d'être
loué ;* une *Critique de l'Opéra ou examen de
la tragédie intitulée Alceste ou le triomphe
d'Alcide ;* enfin des harangues et des compliments
académiques. En 1675, il composera un recueil de ces
divers ouvrages en prose et en vers, il en déposera
à la bibliothèque de Versailles un manuscrit calli-
graphié et délicieusement illustré par Le Brun et
Sébastien Le Clerc[1], puis il laissera imprimer les
pièces que contenait ce manuscrit. Ensuite il gar-
dera le silence jusqu'au jour où il aura liquidé les
dernières affaires de son emploi.

1. Ce manuscrit est aujourd'hui conservé à la Bibliothèque du
château de Chantilly.

III

# CHARLES PERRAULT
# ET COLBERT

COLBERT

Gravé par Nanteuil, d'après Philippe de Champaigne.

## I. — L'ACADÉMICIEN

Avec le titre de surintendant des bâtiments du
roi, Colbert a été en réalité ministre des lettres, des
arts et des sciences. Au mécénat des grands finan-
ciers il a substitué le mécénat du monarque. Il a
pensionné les littérateurs, les artistes, les savants,
administré tout ce qui devait illustrer les fastes du
règne : poèmes, histoires, ballets, opéras, gravures,
médailles, tapisseries. Il a créé de nouvelles aca-
démies, réformé celles qui existaient avant lui,
obligé ces compagnies à promulguer une doctrine,
et il leur a demandé des avis sur toutes les affaires
de leur ressort. Il a conduit les grands travaux du
Louvre et de Versailles, choisi les architectes,
désigné les peintres et les sculpteurs, surveillé les
entrepreneurs. Son action s'est étendue au delà des
frontières du royaume ; il a envoyé des missions jusqu'en Orient, enrôlé les hommes illustres qui, dans
le reste de l'Europe, pouvaient, par leurs conseils
ou leurs louanges, rehausser la gloire du roi ; il a
appelé des artistes et des artisans d'Italie, de Hol-

lande, de Flandre, et créé à Rome une académie
pour former les jeunes artistes français ; il a entassé
à Paris les œuvres de l'antiquité et de la Renaissance
italienne sur lesquelles ses agents pouvaient mettre
la main, commandé des moulages ou des copies de
celles qu'il ne pouvait acquérir. Magnifique entreprise dont il est facile de discerner le double dessein
politique : au-dedans, discipliner, pour le service
de l'État, toutes les forces et toutes les ressources
de l'esprit, tous les génies, tous les talents ; au
dehors, contraindre l'étranger à l'admiration et au
respect de la France. Cet hommage rendu à la sou-
veraineté de l'intelligence était un beau démenti à
la maxime de Pascal que « la grandeur des gens
d'esprit est invisible aux rois, aux riches, aux capitaines, à tous ces grands de chair ».

C'est à cette œuvre que Perrault a collaboré pendant dix-neuf ans. Il fut un de ces grands commis
qui mirent au service de Louis XIV les solides
qualités de la bourgeoisie française : une intelligence claire et rapide, une magnifique puissance de
travail, une probité à toute épreuve, et travaillèrent
obscurément à la gloire du règne. Mêlé à toutes les
affaires de l'administration artistique, littéraire et
scientifique de Colbert, il n'est pas seulement le
secrétaire qui tient la plume et transmet des ordres.
Attentif à exécuter les instructions du ministre, il
agit de son chef, si les circonstances le veulent.

Pour les belles-lettres Chapelain reste le grand

dispensateur des bienfaits du roi ; cependant, lorsqu'il s'agit de dresser l'état des pensions, Perrault n'est pas sans crédit.

Dans la « petite académie », il concourt à la confection des devises qui consacrent les grandes actions du roi. Son esprit ingénieux excelle dans ces sortes d'ouvrages. Il a rappelé avec orgueil, dans ses *Mémoires*, que, le plus souvent, Colbert préférait ses devises à celles de ses confrères.

A l'Académie française, il fut le véritable représentant du ministre. Il y entra, en 1671, après des vicissitudes qu'il a lui-même racontées.

En ce temps-là, M. Colbert m'ayant demandé des nouvelles de l'Académie française, dans la pensée qu'il avait que j'en étais, et moi lui ayant répondu que je n'en savais pas, n'ayant pas l'honneur d'être de cette compagnie, il parut étonné et me dit qu'il fallait que j'en fusse. « C'est une compagnie, ajouta-t-il, que le roi affectionne beaucoup ; et comme mes affaires m'empêchent d'y aller aussi souvent que je le voudrais bien, je serai bien aise de prendre connaissance par votre moyen de tout ce qui s'y passe. Demandez la première place qui vaquera. » Peu de temps après M. Boileau, frère de M. Despréaux [Gilles Boileau], vint à mourir. Tous les académiciens à qui j'en parlai ou en fis parler me promirent leurs voix et me dirent qu'il fallait avoir l'agrément de M. le chancelier. [Le chancelier Pierre Séguier avait succédé à Richelieu comme protecteur de l'Académie.] Je l'allai voir à Saint-Germain-en-Laye où il me dit qu'il avait promis la place que je lui demandais à M^me la marquise de Guiche, sa fille, pour M. l'abbé de Montigny [l'aumônier ordinaire de la reine], mais qu'il me donnerait sa voix et son agrément avec plaisir pour la première place qui vaquerait.

A quelques mois de là, M. de la Chambre, médecin très célèbre et de l'Académie française, vint à mourir. Toute l'Académie fit aussitôt son compte de me mettre en sa place ; mais M. Colbert me dit que je n'y songeasse pas, parce que M. de la Chambre, médecin et fils du défunt, lui en avait parlé pour son frère, curé de Saint-Barthélemy. Je n'y songeai plus, et il fallut solliciter tous ceux de la compagnie qui me voulaient nommer, de n'en rien faire, et de quelle conséquence serait qu'à mon occasion l'intention de M. Colbert ne fût pas exécutée. M. de la Chambre fut donc élu, et j'attendis encore. Le procédé de l'Académie dont j'étais fort content, déplut tellement à mes frères, et ils me fatiguèrent si fort là-dessus, que je laissai passer M. Régnier, M. Quinault et plusieurs autres. Mais enfin, l'abbé de Montigny, évêque de Laon, étant mort, l'Académie me nomma sans que je fisse aucune sollicitation.

En somme, les tribulations de Perrault n'avaient duré que deux ans : c'était l'âge d'or des candidatures académiques.

Perrault, pour obéir à Colbert, se montra le plus zélé des académiciens et fit accepter par la compagnie toutes sortes d'innovations. A sa demande, elle admit le public aux séances de réception, aborda la confection du Dictionnaire, multiplia les séances de travail, institua des jetons de présence, adopta un petit appareil destiné à assurer la régularité des scrutins. Tant de réformes eussent peut-être été accueillies sans empressement, si dans le même temps le roi n'avait comblé l'Académie de ses faveurs. Un jour qu'après sa partie de paume, Louis XIV se faisait frotter au milieu de ses officiers et de ses courtisans, Rose, secrétaire de la Chambre et du Cabinet, avait mis à profit la bonne humeur que ce salutaire massage inspirait à Sa Majesté, et avait obtenu qu'Elle permît à l'Académie de la venir haranguer dans les occasions solennelles, comme le faisaient le Parlement et les autres cours souveraines. Après la mort de Séguier le roi avait consenti à se dire lui-même « protecteur de l'Académie ». Ces attentions royales simplifiaient la tâche de Perrault que tout le monde savait être le porte-parole de Colbert, c'est-à-dire du roi. D'ailleurs, sa bonne grâce et sa courtoisie eussent désarmé les récalcitrants, s'il s'en était trouvé.

## II. — LE CONTROLEUR DES BATIMENTS DU ROI

Ce fut dans l'administration des bâtiments que Perrault rendit à Colbert les services les plus précieux. De tous les hommes de lettres du dix-septième siècle aucun ne montra plus d'inclination pour les beaux-arts. Cet amateur, qui se plaisait à faire des vers et à s'informer des découvertes des savants, avait aussi la curiosité des tableaux, des sculptures et des édifices. Il connaissait les procédés techniques de tous les arts.

Cependant son goût nous surprend parfois : il obéissait à des partis pris où le raisonnement avait part plus que la sensibilité. Dans son poème de la *Peinture* il y a quelques allégories ingénieuses, quelques vers aimables, comme ceux-ci où il est conté comment une bergère de Paphos sut conserver l'image de l'amant qui l'allait quitter.

> Sur le mur opposé la lampe en ce moment
> Marquait du beau garçon le visage charmant ;
> L'éblouissant rayon de sa vive lumière
> Serrant de toutes parts l'ombre épaisse et grossière
> Dans le juste contour d'un trait clair et subtil
> En avait nettement dessiné le profil.
> Surprise elle aperçoit l'image figurée,
> Et se sentant alors par l'amour inspirée,
> D'un poinçon par hasard sous ses doigts rencontré,
> Sa main qui suit le trait par la lampe montré,
> Arrête sur le mur promptement et sans peine
> Du visage chéri la figure incertaine.

Tel fut, selon Perrault, le commencement d'un art divin, car la Peinture n'eut plus à enseigner aux mortels que les ombres et les couleurs. Mais dans ce poème de sept cents vers pas une remarque originale, si ce n'est cette pensée, peut-être alors nouvelle, que le temps seul achève les chefs-d'œuvre, en leur donnant une sorte de patine, « ce teint bruni qui les fait respecter ». Lorsque,

dans les appartements de Versailles, il voit, placées face à face, la *Famille de Darius* de Le
Brun et les *Pèlerins d'Emmaüs* de Véronèse,
il n'hésite pas : ses préférences vont à Le Brun.
Tout cela, d'ailleurs, s'expliquera mieux quand on
saura les théories de Perrault touchant la supériorité des modernes.

L'architecture est l'art dont il a le mieux connu
les principes et senti la beauté : il l'a pratiquée en
amateur, à Viry ; il a suivi les études et les travaux
de son frère Claude ; c'est à lui que revient la
première idée de la colonnade du Louvre, et un
« griffonnement » de sa main fut l'esquisse de
l'Arc de triomphe de la Porte Saint-Antoine dessiné
par Claude. Lui-même nous l'a dit, et nous ne pouvons le soupçonner d'avoir voulu tromper la postérité, car ces affirmations se trouvent dans un écrit
réservé à ses enfants ; du reste, il s'est toujours
attaché à défendre la gloire de son frère. Imaginer
des plans sera le divertissement de toute sa vie. Il
avait conçu le projet d'une grande « maison royale »
et rêvé de la bâtir près de Viry, sur les hauteurs
qui dominent Savigny-sur-Orge. Deux ans avant
sa mort, il s'amusait encore à dessiner ce palais
chimérique « avec tous les jardins, rivières et forêts
voisines ». Il était donc bien l'homme de l'emploi
auquel Colbert l'avait appelé.

Cet emploi consistait à exercer le contrôle de tous
les ouvrages d'architecture et de décoration com-

mandés par le roi, examiner les devis, préparer les marchés, ordonnancer les paiements, inspecter les travaux, et rendre compte de tout au ministre dans des notes courtes et précises, dont quelques-unes nous ont été conservées. *Conseiller-amateur* de l'Académie de peinture et de sculpture, il assistait aux séances, stimulait le zèle des académiciens, intervenait dans les élections, toujours au nom du surintendant. A l'Académie d'architecture, où sa qualité lui donnait entrée, il apportait les relevés des monuments anciens exécutés sur les ordres de Colbert : dessins des deux portes romaines d'Autun, du théâtre de Marcellus, de la cathédrale de Bayeux, de l'arc de triomphe de Reims, etc... ; souvent il consultait la compagnie sur les travaux du Louvre et de Versailles et, de la part du ministre, lui enjoignait de « visiter promptement les anciennes églises et anciens bâtiments de Paris et même des environs. »

En tout cela, il ne faisait que remplir les devoirs de sa fonction ; mais Colbert, qui l'avait logé auprès de lui dans l'hôtel de la surintendance, recourait souvent à ses avis. Perrault a rapporté qu'il s'éleva contre de fâcheuses erreurs et suggéra d'heureuses mesures : il détourna Colbert de fouiller le sol de la France pour y découvrir des métaux, la dépense devant excéder le produit des recherches ; il obtint qu'on donnât à Lulli la grande salle du Palais-Royal pour que celui-ci y fît représenter ses opéras ; il fit échouer un projet qu'avait formé Riquet afin d'amener les eaux de la Loire sur les hauteurs de Satory, et il se réjouit d'avoir ainsi épargné non seulement 2 400 000 livres et peut-être davantage, mais encore « le trouble, l'inquiétude, le dommage, qu'on aurait fait dans tous les pays où on aurait passé, et dans ceux où on n'aurait point passé, en leur faisant payer bien cher la grâce de ne point passer dans leur terre, sans compter la honte d'avoir bouleversé tant de bois, de villages et de maisons inutilement, et pour n'avoir pas su ce que l'on faisait ».

Ce souci du bien public, Perrault l'a montré en maintes occasions. Il ne voulait pas qu'on molestât les particuliers. Un jour Colbert lui vint annoncer qu'il fallait sans plus tarder surélever les clôtures du jardin du Palais-Royal et murer les fenêtres des maisons donnant sur ce jardin : M^{lle} de La Vallière qui demeurait alors dans l'Hôtel de Brion, dépendance du Palais, était incommodée par toutes ces vues. Perrault inventa des prétextes pour différer ce travail. « Cela, dit-il, n'aurait pas seulement gâté toutes ces maisons, mais aurait donné l'air d'une prison ou d'un couvent à ce jardin tout beau qu'il est. » Colbert céda. M^{lle} de La Vallière quitta l'hôtel de Brion, et le beau jardin fut sauvé.

Ce fut aussi grâce à Perrault que le peuple de Paris conserva la jouissance du jardin des Tuileries. Citons encore cette page des *Mémoires*, car elle éclaire à merveille la physionomie de ce brave homme.

Quand le jardin des Tuileries fut achevé de replanter et mis dans l'état où vous le voyez : « Allons, me dit M. Colbert, aux Tuileries, en condamner les portes. Il faut conserver ce jardin au roi et ne pas le laisser ruiner au peuple, qui, en moins de rien, l'aura gâté entièrement. » La résolution me parut bien rude et bien fâcheuse pour tout Paris. Quand il fut dans la grande allée, je lui dis : « Vous ne croiriez pas, monsieur, le respect que tout le monde, jusqu'au plus petit bourgeois, a pour ce jardin-ci. Non seulement les femmes et les petits enfants ne s'avisent jamais de cueillir aucune fleur, mais même d'y toucher ; ils s'y promènent tous, comme s'ils étaient des personnes très raisonnables. Les jardiniers peuvent, monsieur, vous en rendre témoignage. Ce sera une affliction publique de ne pouvoir plus venir ici se promener, particulièrement dans ce temps où l'on n'entre plus au Luxembourg ni à l'hôtel de Guise. — Ce ne sont que des fainéants qui viennent, dit-il. — Il y vient, lui répondis-je, des personnes qui relèvent de maladie pour y prendre l'air ; on y vient parler d'affaires, de mariages et de toutes choses qui se traitent plus convenablement dans un jardin que dans une église, où il faudra à l'avenir se donner rendez-vous. Je suis persuadé, continuai-je, que les jardins des rois ne sont si grands et si spacieux qu'afin que tous les enfants puissent s'y promener. » Il sourit à ce discours, et, dans ce même temps, la plupart des jardiniers des Tuileries s'étant présentés devant lui, il leur demanda si le peuple ne faisait pas bien du dégât dans leur jardin. « Point du tout, monseigneur, répondirent-ils presque tous en même temps ; ils se contentent de se promener et de regarder. — Ces messieurs, repris-je, y trouvent même leur compte, car l'herbe n'en revient pas si aisément dans les allées. » M. Colbert fit le tour du jardin, donna ses ordres, et ne parla point d'en fermer l'entrée à qui que ce soit. J'eus bien de la joie d'avoir en quelque sorte empêché qu'on ôtât cette promenade au public. Si une fois M. Colbert eût fait fermer les Tuileries, je ne sais pas quand on les aurait rouvertes. Cette action aurait été louée de toute la cour qui ne manque jamais d'applaudir aux ministres, particulièrement quand il paraît y avoir du zèle pour le plaisir du prince.

Pour remercier Perrault de cette bonne et gentille action, on lui a dédié naguère un monument sur la terrasse du Jeu de Paume : de petites filles dansent en rond autour du socle qui porte le buste du vieil homme emperruqué. Quand, de là-haut, Perrault considère le jardin de Le Nôtre déshonoré par de sordides baraques et ses belles sculptures mutilées par des foules imbéciles, il doit se dire avec amertume que le peuple de Paris a bien changé depuis le temps où il se contentait de « se promener » et de « regarder » !

IV

# CLAUDE PERRAULT
# ARCHITECTE DU LOUVRE

## I. — CLAUDE PERRAULT SUR LES ROUTES DE FRANCE

En bon Perrault qu'il était, Charles désira faire profiter sa famille de son crédit auprès de Colbert. Il ne réussit pas à émouvoir la pitié du ministre en faveur de Pierre le malchanceux receveur des finances. Il fut plus heureux quand il voulut faire reconnaître les mérites de Claude.

Lorsque Colbert prit sous son patronage les savants qui avaient coutume de s'assembler chez M. de Montmort, et fonda l'Académie des sciences, Charles obtint que le nom de Claude figurât dans la première fournée d'académiciens. Par modestie Claude déclina d'abord cet honneur, mais ses frères insistèrent, il finit par accepter. Désormais il ne pratiqua plus la médecine, si ce n'est pour sa famille, ses amis et les pauvres.

Charles avait pour Claude des ambitions plus hautes encore. Il entendait lui fournir l'occasion de déployer ses talents d'architecte.

A partir de ce moment les deux frères vont, la

main dans la main, suivre la voie que le cadet
a frayée à son aîné. Charles a quinze ans de moins
que Claude; mais tous deux ont les mêmes goûts et
le même goût, les mêmes curiosités, les mêmes
amis et les mêmes ennemis, rien ne les peut séparer. D'ailleurs confrontez la gravure d'Edelinck
d'après le portrait de Claude par Vercelin à celle
de Baudet d'après le portrait de Charles par
Le Brun. Écartez par la pensée les crins des
perruques épaisses et solennelles; regardez les
deux masques : Charles a le visage d'un homme
d'esprit sans fiel, mais non sans malice, et qu'il ne
ferait pas bon de contrecarrer, cependant il y a de la
douceur dans les yeux, de la bonté dans les plis de
la bouche; Claude, a une belle figure de savant, au
regard méditatif, plus grave, plus triste; mais
entre les deux quel air de famille[1]!

Charles « griffonnera » des croquis dont Claude
fera de beaux dessins, tandis que ce dernier, intelligence véritablement universelle, inventera sur l'architecture et toutes les sciences des théories que
Charles s'appropriera pour enrichir son arsenal
d'arguments dans la guerre des Modernes contre
les Anciens.

Nous connaissons Charles par ses *Mémoires* et
aussi par les dires de ses contemporains, car il fut
mêlé à la vie littéraire de son temps. De Claude

1. Appendice IV.

nous savons peu de chose : point de lettres, point d'anecdotes. Pour entrevoir la physionomie de ce bourgeois érudit, imaginatif et modeste, nous n'avons que le journal d'un voyage qu'il fit à Bordeaux en 1669.

Il avait rédigé, semble-t-il, cette relation pour lui-même, comme une sorte de mémento : elle était restée manuscrite et a été publiée, pour la première fois, il y a quinze ans, par Paul Bonnefon. La raison de ce voyage n'y est même pas indiquée : était-ce par simple curiosité que Claude s'était mis en route? ou bien Colbert l'avait-il chargé d'une mission?

Il quitte Paris le 12 septembre 1669 avec son frère Jean, l'aîné de la famille. Jusqu'à Richelieu il suit exactement le même chemin que La Fontaine a pris, six ans auparavant, pour se rendre en Limousin; mais il voyage en tout autre équipage. La Fontaine s'était embarqué dans le carrosse public en compagnie « d'un marchand qui ne disait mot », d' « un notaire qui chantait toujours » et d'une comtesse poitevine qui argumentait sur l'Écriture. Perrault fait route avec des personnages d'importance : M. de Gomont, M. du Laurent et M. Abraham. Cet Abraham nous est inconnu. M. de Gomont est un gentilhomme ordinaire du Roi. Quant à M. du Laurent, il est sans doute revêtu de la même qualité, car les sénéchaux et les maires viennent à son passage lui faire des harangues, lui apporter des présents ; des juges prêtent serment entre ses mains. Les voyageurs trouvent bon accueil et bonne chère chez les gouverneurs et les évêques. Des laquais se tiennent debout derrière leur carrosse ; des cavaliers les escortent.

Notre architecte n'a ni l'humeur flâneuse ni la jolie fantaisie d'un La Fontaine. Tout ne lui est pas divertissement, mais tout lui est occasion de s'instruire. Le charme du paysage ne paraît guère le retenir, en revanche il s'intéresse à la fertilité du sol, à la diversité des cultures et à la forme des habitations. Son grand souci est d'examiner et d'étudier les ouvrages d'architecture qu'il rencontre sur son chemin. Ses connaissances en archéologie semblent un peu courtes, mais il consigne en homme du métier tous les détails qui l'ont frappé, et, pour en fixer le souvenir, il joint à son récit des relevés sommaires et de petits croquis crayonnés sur place. Ce très lointain ancêtre de Mérimée semble se livrer à une véritable inspection de « monuments historiques ». Il visite ainsi et décrit Sainte-Croix d'Orléans où il remarque le rampant des arcs-boutants qui sert à l'écoulement des eaux de la toiture ; Chambord où il découvre « quelque chose de magnifique et de riant tout ensemble ; » Saint-Laumer de Blois qu'il nomme *Saint-Romer ;* Amboise ; les nouveaux bâtiments de Marmoutier à Tours ; Richelieu ; le palais de justice et les églises de Poitiers ; celles de Saint-Maixent, de Niort, de Fontenay, de Luçon ; les tours et l'hôtel de ville de La Rochelle ; les premiers travaux du port et de l'arsenal de Rochefort ; la vieille forteresse de Brouage ; tous les monuments de Bordeaux, en particulier les antiquités romaines et les *Piliers de Tutele* dont il donnera un beau dessin dans son Vitruve, et qui seront démolis huit ans plus tard. De Bordeaux il renseigne Colbert sur le château Trompette dont un bastion vient de s'écrouler, — « un bijou à cause des bons ornements d'architecture dont on n'a pas accoutumé d'embellir les forteresses ».

Perrault, comme tous ses contemporains, fait dater l'architecture française du règne de François I⁰ʳ ; cependant gothique n'est pas pour lui synonyme de barbare. Il admire une des chapelles d'Amboise « qui, dit-il, est fort remarquable à cause de la délicatesse de sa sculpture qui est fort ancienne et fort gothique des meilleurs maîtres du temps ». On nomme alors *gothiques* tous les ouvrages qui ont précédé la Renaissance ; personne ne s'avise encore de distinguer l'architecture romane de l'architecture ogivale. Perrault a pourtant quelque soupçon de la différence en visitant Saint-Hilaire de Poitiers : « Nous fûmes à Saint-Hilaire qui est une église de médiocre grandeur, mais dont la structure est assez particulière. La voûte, qui est en berceau, ayant des fenêtres qui ne s'élèvent pas jusqu'en haut comme en ordre gothique, mais qui sont en lunette, est portée sur de grosses colonnes qui ont leurs bases de chapiteaux approchant assez de l'ordre antique. Cette voûte en berceau a des bandeaux carrés qui posent au droit des colonnes, et on a peint des arcs qui vont diamétralement de coin en coin pour représenter ceux qui sont ordinairement en l'ordre gothique. » Quel autre architecte du XVIIe siècle pénétrant dans une église du moyen âge l'eût considérée avec assez d'attention pour y faire ces remarques ?

L'architecture ne préoccupait pas Claude Perrault au point de le rendre insensible aux commodités de l'existence. A chaque étape, il n'oublie jamais de dire dans quelle auberge il est descendu et comment il y a été traité. Son journal est plein de doléances sur la mauvaise tenue des hôtelleries et la saleté des villes. Il se plaint sans relâche des mauvais lits, des tables mal servies et des rues malpropres. Il fait de Poitiers un tableau, qui, du reste, sera encore vrai deux siècles et demi plus tard : « La ville est fort mal pavée de petits cailloux, et les rues sont inégales étant pleines de fossés et d'éminences. Elles sont, de plus, courtes et tortues. Les maisons sont petites et mal bâties, malpropres et fort pauvres. »

Serait-il donc un de ces Parisiens qui s'indignent de trouver ailleurs ce qu'ils acceptent si bien chez eux ? Chez lui, c'est plutôt le signe d'un goût très vif pour les délicatesses et les recherches de la vie. Un jour il écrira : « Ce n'est pas seulement l'honneur qui nourrit les arts ; la conversation des honnêtes gens est aussi une chose dont-ils ne peuvent se passer ; le sens exquis dont on a besoin pour régler les belles connaissances, se forme rarement parmi le menu peuple. »

Une fois cette nuance marquée, n'allons pas imaginer un Perrault cérémonieux, jouant à l'homme de cour, vain de voyager en compagnie de personnes de qualité. Il n'a aucune morgue, mais cette délicieuse bonhomie qui, en ce temps-là, s'alliait si gracieusement à la dignité. De quel ton naturel et plaisant il sait conter les petites aventures de son voyage !

Entre Sainte-Maure et Richelieu le carrosse traverse Sainte-Catherine de Fierbois, « lieu célèbre à cause des pruneaux qui s'y font ».

En passant à Sainte-Catherine entre dix et onze, il sortit d'une maison une femme éplorée qui vint à la portière de notre carrosse demander s'il n'y avait point un médecin dans notre compagnie, et qu'il y avait une personne fort malade qui en avait grand besoin. Cette harangue surprenante ayant d'abord fait faire un cri à toute la troupe, on demande à cette femme d'où lui venait cette pensée d'aller chercher un médecin sur les grands chemins. Elle ne dit point d'autre raison sinon qu'elle avait jugé que notre train devait être d'un grand seigneur et que d'ordinaire les grands menaient des médecins avec eux..... La vérité est que la malade l'était beaucoup, et que poursuivant notre chemin et nous étant enfoncés à

demi-lieue de là dans les fondrières des mauvais chemins
dont il a été parlé, nous rencontrâmes le chirurgien qui
venait voir la malade, qui nous aida à nous adresser à
notre chemin, dont nous avions beaucoup plus de besoin
que de quantité d'aphorismes d'Hippocrate qu'il nous dit
à propos de sa malade à qui je crois aussi qu'ils ne firent
guère plus de bien qu'à nous. Cependant qu'on attela le
carrosse par derrière pour retourner chercher un passage
dans un autre chemin au travers des haies et des berges
qui bordaient celui où nous étions, nous continuâmes
à pied jusqu'à Sainte-Maure. Nous avions pris un guide à
Sainte-Catherine que nous avions fait monter sur le che-
val de M. Clervant, qui se mit dans le carrosse. L'équipage du guide était considérable, ayant un bonnet de nuit
en tête et son chapeau par dessus, car on l'avait fait lever
à la hâte. Le seul malheur était que ses sabots ne pouvaient entrer dans les étriers. Le principal est qu'il ne
savait pas les chemins, de sorte qu'on le fit descendre
pour mettre à sa place le guide qui menait le chirurgien.
Étant arrivés à Sainte-Maure, nous fîmes avec beaucoup
de peine lever l'hôte et l'hôtesse de la *Belle Image*, où
nous mangeâmes un dindon qui se trouva cuit et une
perdrix qu'on fit cuire. Il était minuit sonné ; cela nous
empêcha de faire difficulté de manger de la chair, le jour
des Quatre-Temps étant passé.

Cette manière naïve et simple ne fait-elle pas
penser à celle de Charles dans ses Contes ?

Et l'histoire des joyeux Oratoriens que les voyageurs rencontrent dans une hôtellerie d'Aunis.

A Yves, l'hôtellerie où nous fûmes coucher était pleine
de monde, quoique ce fût un pays assez éloigné. D'abord
que nous fûmes entrés, il nous prit envie à tous d'écrire

nos mémoires en attendant le souper, y ayant long temps que nous n'avions rien écrit. Le silence où nous étions nous fit trouver le bruit de l'hôtellerie fort insupportable, surtout celui qui se faisait en une chambre proche de la nôtre, où cinq ou six personnes parlaient si haut et si confusément que nous fûmes sur le point de leur aller déclarer que nous ne pouvions plus supporter l'incommodité que leur brutalité et leur emportement nous causaient, lorsque nous découvrîmes que c'étaient six pères de l'Oratoire, qui, pour ne passer point pour des Tartuffes et pour pratiquer le prescript de saint François de Sales, suivant l'air de la nouvelle manière des dévots, faisaient admirablement bien leur devoir de rire sans sujet et de paraître fort contents et satisfaits. Un d'entre eux qui se trouva de la connaissance de M. de Gomont et parent de M. du Laurent soupa avec nous et nous pensa étourdir par un ris continuel.

A Bordeaux, Jean Perrault tomba gravement malade et dut s'aliter. Il eut de terribles accès de fièvre et mourut au bout d'un mois. Pendant ce mois Claude note dans son journal les phases de la maladie, les consultations et les remèdes. Pas un mot n'y exprime la douleur et l'angoisse ; mais l'exactitude méticuleuse avec laquelle sont rapportés les relâches et les reprises du mal, les témoignages de la sympathie des Bordelais, les détails des obsèques, trahit un chagrin profond et stoïquement supporté.

Tandis que Claude est demeuré au chevet de son frère, ses compagnons de voyage ont continué leur route vers Toulouse. Il reprend seul le chemin de

Paris. A Blaye il monte dans le carrosse public, le « carrosse de voiture », comme on dit alors. Les autres places sont occupées par cinq voyageurs, une voyageuse et un enfant. « La femme qui était un peu sur l'âge, comme de quarante-cinq ans, avait été autrefois belle, et l'enfant l'était aussi, fort grand, fort vif et fort avancé pour l'âge que la femme lui donnait, qui se disait sa gouvernante. Nous la trouvâmes fort épleurée quand nous partîmes, et qui demandait au cocher la huitième place qui lui restait. Lorsqu'elle l'eut obtenue, elle nous conta son histoire qui est assez bizarre. Elle nous dit que... »

Nous ne saurons jamais l'histoire de l'inconnue, car en cet endroit, le manuscrit s'arrête brusquement.

Cet opuscule ne nous fait peut-être pas pénétrer très avant dans l'intimité de l'auteur. Du moins sa figure sort de l'ombre ; quelques traits apparaissent ; l'homme n'est plus pour nous un étranger.

## II. — PREMIERS PROJETS
### POUR L'ACHÈVEMENT DU LOUVRE

Au moment où Charles Perrault venait d'entrer chez Colbert, ce dernier était fort occupé de la construction du Louvre. Louis XIV semblait moins s'in-

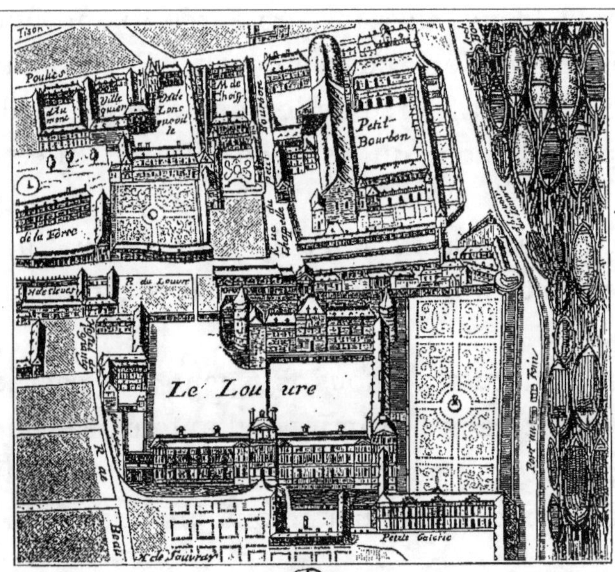



LE VIEUX LOUVRE
Extrait du plan de Gomboust (1652)

téresser aux travaux de Paris qu'à ceux de Versailles ;
mais le ministre tenait bon et, en septembre 1663,
il écrivait au roi : « Votre Majesté sait qu'au défaut
des actions éclatantes de la guerre, rien ne marque
davantage la grandeur et l'esprit des princes que
les bâtiments, et toute la postérité les mesure à
l'aune de ces superbes maisons qu'ils ont élevées
pendant leur vie. Ah ! quelle pitié que le plus grand
roi et le plus vertueux, de la véritable vertu qui
fait les grands princes, fût mesuré à l'aune de Versailles ! Et toutefois, il y a lieu de craindre ce
malheur. » Aussi, dès qu'il fut officiellement chargé
de la surintendance des bâtiments, Colbert fit-il
tous ses efforts pour que ce malheur n'arrivât pas.

Rappelons brièvement quel était en ce temps-là
l'aspect des bâtiments du Louvre.

Si l'on divise en quatre rectangles égaux la cour
du Louvre, telle qu'elle se présente aujourd'hui le
rectangle du sud-ouest, y compris les bâtiments qui
le bordent au sud et à l'ouest, représente l'emplacement du Louvre du moyen âge, du château fort
construit par Philippe Auguste et transformé par
Charles V.

François I<sup>er</sup> jette par terre la plus grande partie
de cet édifice pour se faire bâtir à la place un palais
neuf, palais qui, comme le château du moyen âge,
n'occupera que le quart de la surface du Louvre
moderne. Chargé de la construction, Pierre Lescot
n'exécute qu'un seul bâtiment, celui qui ferme la

cour du côté du couchant, entre le pavillon de l'Horloge et le jardin de l'Infante. Les Valois ne tentent pas de terminer l'œuvre de Lescot. Cathe-rine de Médicis fait bâtir dans la direction de la Seine la galerie d'Apollon, et s'occupe de la construc-tion des Tuileries. Henri IV édifie la longue galerie qui, longeant la Seine, réunit le Louvre aux Tuile-ries.

C'est seulement sous Louis XIII que l'on songe à reprendre l'œuvre de François I$^{er}$. On commence par démolir à peu près tout ce qui subsiste du Louvre de Charles V ; mais le plan de François I$^{er}$ paraît trop modeste, et d'autre part on ne veut pas sacri-fier l'admirable façade élevée par Lescot et sculptée par Jean Goujon. L'architecte Le Mercier propose alors de quadrupler la surface de la cour et de repro-duire, sur les quatre faces, le plan, l'élévation et le décor de la Renaissance, en le répétant deux fois pour chacun des quatre bâtiments ; afin de rompre l'uniformité de ces façades allongées, on bâtira, au milieu de chacune d'elles, un pavillon élevé ; le pavillon d'angle de Lescot deviendra donc le pavil-lon central du bâtiment occidental. Le projet de Le Mercier est adopté : la construction de l'ouest est entièrement achevée, les constructions du nord et du sud sont commencées, mais les travaux sont suspendus pendant la régence d'Anne d'Autriche.

Le jour où Louis XIV reprend l'œuvre de ses prédécesseurs, il a devant lui une double tâche à remplir : 1° continuer le dessein de Henri IV et réunir le Louvre aux Tuileries par de nouveaux bâtiments ; 2° poursuivre le projet de Louis XIII en terminant les édifices qui devaient fermer la cour du Louvre sur ses quatre faces.

La première partie de ce programme n'a jamais été envisagée sérieusement sous Louis XIV. Entre le Louvre et les Tuileries s'étendait tout un quartier de la ville : des hôtels, des jardins, des églises, des ruelles et des culs-de-sac. Il eût fallu supprimer ce fouillis de constructions. Colbert y a songé un instant, car nous possédons les plans qu'il fit tracer par le Bernin et par Perrault en vue de cette grande entreprise. Le plan de l'architecte français était d'une singulière complication. Perrault a été hanté de cette idée que, les deux palais du Louvre et des Tuileries ne s'élevant pas sur le même axe, il était indispensable de dissimuler ce manque de symétrie ; derrière le Louvre il avait donc entassé des constructions qui enfermaient quinze cours de configurations et de dimensions variées ; puis vers les Tuileries des galeries couvertes devaient encore pallier l'irrégularité. Plus simple et plus grandiose était le plan de Bernin : il laissait découverte l'esplanade entre les deux palais que réunissait au nord une galerie analogue à celle du bord de l'eau. Cette conception devait être reprise par Napoléon Ier qui répondait aux raisons de symétrie invoquées par ses architectes : « Ce qui est grand est toujours beau, et je ne saurais me décider à partager en deux un espace dont le principal avantage doit être la grandeur. Tout ce qu'on pourra mettre entre le Louvre et les Tuileries ne vaudra jamais une belle cour. » Aucune suite n'avait été donnée à ces projets ni par Louis XIV, ni par ses successeurs. Les deux palais n'ont été réunis que sous Napoléon III.

Quant aux travaux du palais du Louvre, ils avaient commencé dès le lendemain de la paix des Pyrénées. Le Vau, premier architecte du roi, continuait, du côté de la rue Saint-Honoré, les constructions commencées par Le Mercier au temps de Louis XIII, et préparait les plans du bâtiment qui devait clore le quadrilatère vers Saint-Germain-l'Auxerrois.

Louis Le Vau était un homme habile et prodigieusement actif. Lorsqu'il a élevé, à Versailles, les façades de la cour de Marbre, il a montré qu'il était capable d'élégance ; mais il gâta souvent d'heureuses conceptions par des lourdeurs et des gaucheries : le dôme ovale du château de Vaux et le dôme rond du palais des Quatre-Nations sont de sa manière. D'autre part, il devait sa fortune et sa réputation à Fouquet, ce qui n'était pas pour lui donner grand crédit auprès de Colbert et de Louis XIV. La façade principale qu'il avait imaginée pour le Louvre ne plaisait ni au roi ni au ministre.

Pour sortir d'embarras, Colbert fit exécuter un

petit modèle en menuiserie de l'édifice conçu par Le Vau et le soumit au public. Il invita en même temps les autres architectes à en faire la critique et à exposer leurs projets.

Ce fut alors que les Perrault entrèrent en scène. Claude apporta un dessin « à peu près semblable à celui qu'il donna depuis et qui fut exécuté ». C'est du moins ce que Charles affirme en ajoutant que lui-même avait collaboré au dessin de son frère et était l'inventeur de la colonnade ; il déclare aussi que ce dessin avait été loué par les connaisseurs et par Colbert lui-même.

On a dit que Charles Perrault avait été mal servi par sa mémoire, que ce dessin n'était sans doute qu'une esquisse bien imparfaite, que Colbert n'en avait pas été si content, puisque tout de suite il s'était adressé ailleurs. On peut supposer avec beaucoup plus de vraisemblance que Colbert, hésitant à recommander au roi un architecte inconnu, fit entendre aux Perrault que leur heure n'était pas venue. Ils se le tinrent pour dit, mais ne désespérèrent pas du succès. La position que Charles occupait auprès du ministre, le mettait à même de surveiller les événements, de prévoir et de manœuvrer. On ne peut se défendre de cette impression que, dès ce moment, le surintendant fut silencieusement l'allié des Perrault.

Il y avait alors un grand architecte que tout semblait désigner au choix du roi, la fertilité de son invention, la souplesse de son génie, sa longue expérience, les chefs-d'œuvre par lesquels il s'était illustré : François Mansart. Beaucoup de ses ouvrages ont aujourd'hui disparu ; mais l'aile du château de Blois bâtie pour Gaston d'Orléans, le château de Maisons et le Val-de-Grâce attestent encore l'élégance et la perfection de son art. Colbert lui demanda des dessins pour le Louvre.

Cette démarche ne dut pas inquiéter beaucoup les Perrault : il était facile de prévoir que le ministre ne pourrait jamais s'entendre avec François Mansart. Ce dernier avait la réputation de n'être jamais content de son ouvrage, de démolir les bâtiments dont il n'était pas satisfait et de recommencer jusqu'à deux et trois fois le même morceau sans souci de la dépense. Aussi, après avoir admiré les projets « très beaux et très magnifiques » de Mansart, Colbert pria-t-il l'architecte de les mettre au net : le roi choisirait, après quoi « il n'y aurait plus qu'à exécuter sans y rien changer ». Mansart refusa de se lier les mains et prétendit conserver le pouvoir de toujours mieux faire. Colbert répondit que « s'il s'agissait d'un bâtiment pour lui, il consentirait volontiers à le laisser abattre huit et dix fois... mais que s'agissant d'un bâtiment pour le roi, il ne pouvait accepter les conditions de Mansart ». Et les choses en restèrent là.

« Très beaux et très magnifiques » étaient en effet

ces dessins de Mansart dont plusieurs sont conservés au Cabinet des Estampes.

Ce fut alors que Louis XIV décida de s'adresser
aux architectes italiens.

Pour comprendre les raisons qui lui firent prendre
ce parti, il nous faudrait connaître tous les projets
proposés par des architectes français. Nous en connaissons deux, reproduits par J.-F. Blondel dans son
*Architecture française*, le premier de Le Mercier
— le même qui avait, sous Louis XIII, continué les
architectures de Lescot sur toute la face occidentale
de la cour — et le second de Jean Marot. L'architecture imaginée par Le Mercier pour la façade
du côté de Saint-Germain-l'Auxerrois rappelait
beaucoup l'ordonnance et le style de l'ancien
Louvre, et elle comportait sept dômes qui n'étaient
pas du meilleur effet. Le projet de Marot était bien
plus élégant, mais, comme celui de Le Mercier, il
restait dans la tradition de la Renaissance française.
Ni l'un ni l'autre de ces deux édifices n'offrait rien
de neuf, rien d'imprévu, rien qui pût frapper l'imagination d'un souverain jeune et glorieux, avide de
signaler son règne par des ouvrages originaux. Il
ne pouvait convenir à Louis XIV d'élever un palais
dans le goût des Tuileries ou du Luxembourg ; c'est
pourquoi, ne rencontrant pas en France l'homme
de génie qu'il pût associer à sa gloire, il résolut de
l'aller chercher en Italie.

### III. — LES PERRAULT ET LE BERNIN

Les plans de Le Vau et de ses confrères furent envoyés à Rome et soumis à plusieurs artistes renommés : Rainaldi, Borromini, Pierre de Cortone, le cavalier Bernin. On leur demandait des avis et des dessins. Parmi les projets qu'il reçut, Colbert ne retint que celui du Bernin, à cause de son ampleur et de sa magnificence.

Le Bernin avait alors soixante-six ans. L'amitié de quatre papes et l'admiration de tout un peuple lui avaient permis de réaliser dans Rome les conceptions de son ardent génie. Il avait transformé la ville, il l'avait ornée d'églises, de palais, de colonnades, de fontaines et de statues. On peut dire de la Rome moderne qu'elle est une ville berninesque. Des œuvres admirables avaient répandu dans le monde entier la gloire de l'architecte et du sculpteur ; c'étaient le décor de la place Navone, la colonnade de Saint-Pierre, le palais Barberini, *Apollon et Daphné*, *Sainte-Bibiane*, le *Ravissement de sainte Thérèse*. L'Italie reconnaissait et chérissait en lui le dernier survivant de la grande Renaissance. Depuis longtemps sa renommée avait pénétré en France. Les artistes, les poètes et les amateurs qui avaient passé par Rome renchéris-

EQVES IO. LAVRENTIVS BERNINVS
*Natus die 7 Decembr. 1598. Obyt die 28 Nou. 1680*

Io. Bapt. Gaullus pinx.    Arnold Van Westerhout Sc.

LE BERNIN
Gravé par VESTERHOUT, d'après le portrait de J.-B. GAULLI.

saient encore sur les louanges que lui donnaient les Italiens venus chez nous depuis cinquante années. Il avait fait le buste du cardinal de Richelieu et déjà à plusieurs reprises avait été sollicité de se rendre à la cour de France.

La façade monumentale qu'il avait imaginée pour le Louvre, et dont il avait envoyé le dessin à Colbert, parut à Louis XIV superbe et majestueuse. C'était un grand palais romain sans comble, avec des terrasses décorées de statues. Néanmoins, malgré l'admiration déclarée du roi, déjà, dans l'entourage de Colbert, on se risquait à élever quelques objections. Par sa structure et son plan, disait-on, ce palais ne donnait pas une impression de force, son aspect était « peu propre à contenir les peuples dans l'obéissance » — critique très adroite, car les souvenirs de la Fronde étaient présents à toutes les mémoires, surtout à celle de Louis XIV. On disait encore que les terrasses convenaient mal à la rigueur de notre climat, que les appartements royaux étaient mal exposés. On devine par qui ces propos étaient diligemment rapportés à Colbert.

Le ministre transmit ces remarques au Bernin qui entra dans une terrible colère, mais avec quelques flagorneries l'ambassadeur du roi, le duc de Créquy, sut apaiser la tempête. Le Bernin envoya à Paris un second projet ; il y avait introduit quelques changements qui n'étaient pas tous heureux. Colbert lui fit adresser de nouvelles observations.

Il est certain, écrivait l'auteur de ce mémoire, qu'il n'y a rien de plus beau, de plus grand et de plus magnifique que ce dessin et qui ait plus de rapport à la grandeur des rois pour lesquels il est destiné. On pourrait même dire avec vérité que jamais les anciens Grecs et Romains n'ont rien inventé qui eût plus de goût de la belle architecture, et qui eût en même temps plus de grandeur et de majesté...

Ayant ainsi caressé la vanité de l'artiste, le mémoire — il est facile d'y reconnaître la plume de Charles Perrault — critiquait vivement les détails du projet; mais une lettre de Louis XIV accompagnait le mémoire : le Bernin était invité à se rendre en France pour s'entretenir avec le roi des bâtiments du Louvre.

Après quelques hésitations, le cavalier se mit en route avec son fils Paul, ses élèves Mathia di Rossi et Giulio Cattari, ses familiers et ses gens. Dès qu'il eut passé les Alpes, il fut l'objet d'égards extraordinaires. Un maître d'hôtel, accompagné d'un cuisinier, d'un bouteiller et d'un crédencier, avait été dépêché pour son service. Il fit à Lyon une entrée solennelle dans un carrosse à six chevaux, et les échevins le vinrent saluer, lui rendant les mêmes hommages qu'à un prince étranger. A Roanne il trouva un bateau « proprement ajusté et tapissé » sur lequel il descendit la Loire jusqu'à Briare où l'attendait un des carrosses de Monsieur frère du roi. Il rencontra à Juvisy M. Fréart de Chantelou désigné pour « l'entretenir et l'accompagner ». (M. Fréart de Chantelou nous a laissé un précieux journal du séjour du Bernin en France.) A Paris on conduisit l'illustre Italien à l'hôtel de Frontenac qui s'élevait dans la cour du Louvre : des appartements avaient été préparés pour lui et pour sa suite.

Un pareil accueil était propre à lui donner l'illusion qu'il avait, dès le premier jour, partie gagnée ; mais ceux qui avaient inspiré les premières critiques de ses projets, n'avaient pas désarmé. Une cabale était prête à profiter des erreurs et des maladresses de cet étranger qui, de la France, ignorait tout : la langue, les mœurs et les préjugés. Il est inutile de dire qui était l'âme de cette cabale.

Cependant la faveur du roi ne se démentait pas. Louis XIV ne pouvait être insensible à la grandeur des idées du Bernin, il subissait l'ascendant d'un si puissant génie. Du reste, l'Italien admirait le goût naturel du roi et savait à l'occasion trouver quelque *concetto* délicat pour traduire son enthousiasme. Dès son arrivée il s'était mis à sculpter le buste du jeune souverain, et le jeune souverain lui était reconnaissant de ce chef-d'œuvre pompeux, qui est encore aujourd'hui la plus belle parure de son palais désert. La cour, « peuple caméléon, peuple singe du maître », outrait, comme toujours, l'opinion du roi. Le Bernin était à la mode. On se pressait dans son atelier, on l'accablait de vers et de compliments. Les amateurs sollicitaient l'honneur de le promener dans leurs galeries. Ce petit homme, maigre et sec, au tempérament de feu, était plein d'anecdotes ; il avait connu les plus grands artistes de son pays. Un mot de lui certifiait la valeur d'une toile contestée. Enfin il venait d'Italie, et cela seul était un grand prestige.

Pour ne pas heurter l'opinion du roi, Colbert accablait le Bernin de prévenances, mais l'esprit pratique et le solide bon sens de ce Champenois ne pouvaient se faire au superbe dédain que le grand virtuose napolitain professait pour toutes les nécessités de l'habitation. Perrault voyait venir sans chagrin le conflit inévitable.

Il aurait été malaisé, dit-il, de trouver deux génies plus opposés. Le cavalier n'entrait dans aucun détail, ne songeait qu'à faire de grandes salles de comédie et de festins et ne se mettait en nulle peine de toutes les commodités, de toutes les sujétions, de toutes les distributions de logements nécessaires, choses qui sont sans nombre et qui demandent une application que le cavalier Bernin n'avait pas et ne pouvait avoir, du naturel prompt et vif dont il était... M. Colbert, au contraire, voulait de la précision, voulait voir où et comment le roi serait logé, comment le service se pourrait faire commodément... Il se tuait à faire et à faire faire des mémoires de tout ce qu'il fallait observer dans la construction de ces logements (Perrault ne devait pas bouder à la besogne), et il fatiguait extrêmement le cavalier avec tous ces mémoires, où il n'entendait rien et ne voulait rien entendre, s'imaginant mal à propos qu'il était indigne d'un grand architecte comme lui de descendre dans ces minuties.

La cabale qui voulait se débarrasser de l'intrus n'avait donc qu'à exaspérer les impatiences de Colbert et les susceptibilités du Bernin : elle n'y manqua pas. Cette cabale réunissait Le Brun, Le Vau, le maréchal de Grammont et Charles Perrault. Comment ce dernier s'ingéniait à dégoûter Colbert des projets de Bernin, c'est encore lui-même qui va nous le dire.

Le Bernin avait fait tendre ses dessins dans une des chambres de l'hôtel où il demeurait. Personne n'y devait pénétrer que lui, M. de Chantelou et M. Colbert. Perrault parvint à se glisser dans l'hôtel et à voir les dessins.

Le lendemain, M. Colbert me demande si je les avais vus. Dans ce moment, je pris le parti, sans y avoir songé auparavant, de dire que je ne les avais pas vus. Je puis assurer que c'est la seule et première fois que je n'ai pas dit la vérité à M. Colbert. « C'est quelque chose de fort grand, me dit M. Colbert. — Il y a sans doute des colonnes isolées? lui dis-je. — Non, me dit-il, elles sont au tiers du mur. — La porte est fort grande? lui dis-je. — Non, elle n'est pas plus grande que la porte des cuisines. » Je lui dis encore quelque autre chose de semblable qui allait à lui faire remarquer que le cavalier Bernin était tombé dans les mêmes défauts que l'on reprochait au dessin de M. Le Vau et de la plupart des autres architectes; et ce fut à cette intention que je feignis n'avoir point vu les dessins du cavalier, ces critiques devant avoir bien plus de force, ne les ayant pas vus, que si je les eusse faites après les avoir examinés ; outre que je n'aurais pas osé en dire alors mon avis avec autant de liberté.

Contre ses adversaires Bernin était mal armé, non qu'il se privât de développer et de défendre ses idées en toute rencontre. Il était doué d'une faconde extraordinaire ; mais ses discours ne lui portaient pas toujours bonheur ; ses ennemis, aux aguets, s'empressaient de les tourner contre lui.

Il avait l'air d'un homme décidé à ne rien trouver de bien en France. On le promenait à travers Paris, on lui montrait les plus beaux monuments, les plus fameuses perspectives, les plus charmants jardins. Partout il faisait une grimace de dédain et se mettait à vanter les beautés de Rome. On le menait à la porte Saint-Antoine : *Pare che sia la porta d'un studiolo* (on dirait la porte d'un cabinet à tiroirs). On lui demandait son avis sur le palais des Tuileries, il répondait : *che li pareva una grande picciola cosa* (une énorme bagatelle). A Saint-Cloud, dont il avait critiqué la cascade, il daignait esquisser un nouveau dessin, mais ajoutait : « Je m'assure que cela ne plaira pas. On n'est pas accoutumé ici à ces sortes de choses naturelles, on en veut de plus ajustées et de plus petites, comme sont les ouvrages des religieuses. » A Saint-Denis, devant le tombeau de François Ier et de ses enfants, il remarquait : *Stanno qui molto male* (ils sont là bien mal), ce qui, au dire de Chantelou, « a mis du nébuleux au visage de M. Colbert ». A Meudon, il trouvait mesquin l'escalier du château : on n'en eût pas voulu dans une hôtellerie d'Italie; et, comme on lui faisait admirer la belle vue de la terrasse, il observait que Paris, avec son amas de cheminées, ressemblait à un peigne à carder, que le spectacle de Rome était autrement magnifique.

« Il ne loue pas beaucoup de choses », disait Louis XIV à qui ces propos étaient soigneusement rapportés, et le public pensait comme le roi. Hors de notre pays, nous cédons volontiers à la manie du dénigrement, mais nous n'aimons pas que les étrangers viennent nous rendre la monnaie de notre pièce.

Le Bernin achevait de se perdre par la naïveté de son orgueil. Il citait à tout propos Michel-Ange comme le seul artiste dont il pût décemment invoquer l'autorité. Il s'émerveillait de ses propres conceptions et leur découvrait quelque chose de divin. Il faisait sentir à tout venant que la France n'était pas un pays pour un homme de sa trempe, car, disait-il, celui qui avait le plus d'intrigue et de cabale y était toujours le plus habile, quoiqu'il fût sans capacité et sans talent. On lui représentait alors « qu'à Rome l'ignorance et l'injustice prévalaient aussi bien qu'ailleurs » et on lui rappelait de quelle manière Annibal Carrache avait été traité par Clément VII; mais il répliquait qu'à Rome il

avait vu un homme (c'était lui-même) « à qui le
public avait toujours rendu la justice qui était due à
son savoir, quelque chose qu'on ait pu dire et faire
contre lui ».

Sur le roi lui-même il eut des paroles impru-
dentes. On racontait que montrant le buste de
Louis XIV qu'il avait exécuté, il avait dit : *Questo
e bello ; nell'originale questo vero e brutto.*

Il avait sans doute, dans la personne de Chantelou, un mentor avisé qui tâchait de prévenir, pallier ou réparer les maladresses, et qui parfois y réussissait. Un jour qu'il causait avec M. de Ménars, le
beau-père de Colbert, il lui conta comment le roi
avait trouvé fort bon son premier projet, et il ajouta
qu'il possédait une preuve encore bien meilleure
de sa satisfaction. Chantelou frémit en pensant que
le cavalier allait, sans plus de façons, prononcer le
nom de M^{lle} de La Vallière à qui Louis XIV avait
montré les dessins du Louvre. Il se jeta alors à la
traverse et déclara que cette preuve était la joie
qu'avait manifestée le roi en faisant voir les fameux
dessins à la reine mère, à la reine et à M. le prince.
Malheureusement, Chantelou n'arrivait pas toujours à temps pour retenir le Bernin au bord des
fondrières. D'ailleurs la morgue de l'Italien était
implacable, son bavardage incoercible. Il y avait
du *nébuleux* sur bien des visages.

A mesure que le crédit du Bernin diminuait, la
cabale devenait plus audacieuse. On exigeait de

l'architecte qu'il prévît dans ses plans de nouveaux logements, un garde-meuble, une église, une bibliothèque, une salle pour les ballets, un amphithéâtre, des obélisques. Chaque dimanche, des « congrégations » — nous dirions aujourd'hui des commissions — se réunissaient dans l'atelier du Bernin : on y discutait le choix des pierres, la composition des mortiers, l'emplacement des escaliers, les alignements de l'édifice, les salaires des ouvriers. Le cavalier avait mis le comble à son impopularité en faisant venir des *muratori* d'Italie ; il prétendait que jamais des maçons de Paris ne seraient capables d'élever ses constructions ; et l'on racontait qu'un mur bâti par les ouvriers italiens s'était écroulé au premier dégel.

Malgré tout, la première pierre du nouveau Louvre fut solennellement posée le 17 octobre 1665 au son des tambours et des trompettes.

Le lendemain de la cérémonie les disputes recommencèrent. Colbert s'entêtait, le cavalier s'emportait et faisait retomber sa colère — il n'avait pas tort — sur Charles Perrault, auquel il déclarait tout net qu'il était indigne de décrotter la semelle de ses souliers. Perrault, qui avait provoqué l'algarade par une question irrévérencieuse, faisait des excuses au Bernin, mais continuait d'attiser le mécontentement de Colbert. Ces querelles durèrent jusqu'au jour où l'Italien annonça qu'il était décidé à quitter la France : la mauvaise santé de sa femme et

de grands travaux commandés par le pape le rappe-
laient, disait-il, à Rome. Il partit de Paris, comblé
de pensions, de présents et de flatteries et regagna
l'Italie avec le même cérémonial qui avait entouré
sa venue.

Dès qu'il eut passé les Alpes, le bruit se répandit
qu'il s'était trouvé mal rémunéré et accusait le roi
de ladrerie. A Rome, on démentit cette calomnie ; à
Paris, on en tira parti.

Les travaux du Louvre restèrent en suspens.
L'année suivante, Mathia di Rossi, le signor
Mathias, comme l'appelait Perrault, revint en
France ; il apportait de nouveaux dessins de son
maître, mais cette fois il dut reconnaître que les
dispositions de la cour étaient bien changées.
Cependant, comme il avait fait exécuter un petit
modèle en bois, le roi vint tout exprès de Saint-
Germain pour examiner cette maquette. Il s'entre-
tint longtemps avec Colbert, ne déclara point son
opinion et s'en alla sans rien résoudre, laissant tout
décontenancés les courtisans qui étaient présents à
cette scène et attendaient l'avis du roi pour exprimer le leur.

Alors Perrault porta le dernier coup à son adversaire. Il représenta à Colbert que le Bernin jetait
par terre tous les bâtiments élevés par Pierre Lescot, par Le Mercier, par Le Vau, ce qui était contraire au vœu du roi. Le signor Mathias fut lui-
même obligé d'en convenir. Quelques mois plus

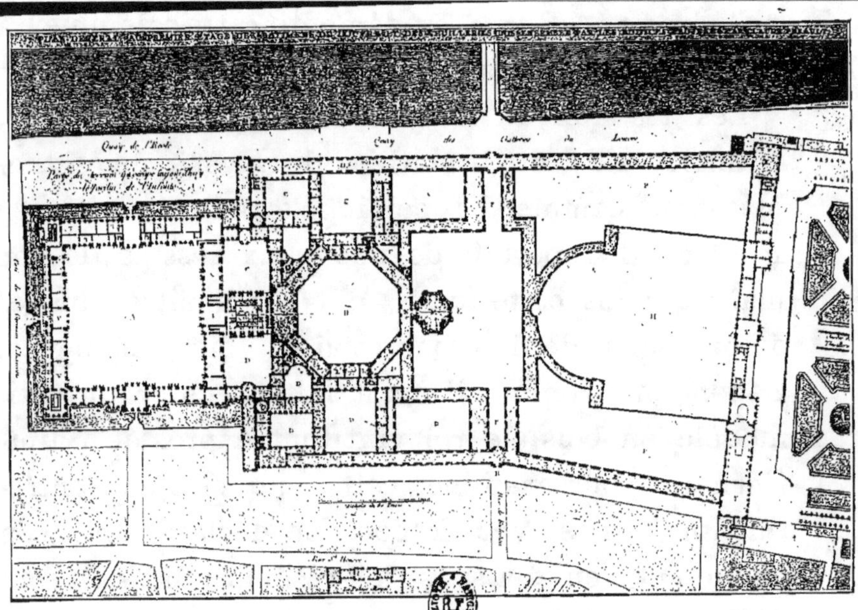

PROJET DE CLAUDE PERRAULT
pour la réunion du Louvre aux Tuileries.

(Archit. fr. de J.-F. Blondel)

tard, il devait reprendre la route de Rome avec ses *muratori* et ses tailleurs de pierre. En même temps on faisait savoir au Bernin que la guerre de plus en plus menaçante empêchait Louis XIV de poursuivre les travaux du Louvre. Simple prétexte, car, sans plus tarder, Colbert faisait dessiner des plans nouveaux.

## IV. — CLAUDE PERRAULT
### CONSTRUIT LE LOUVRE

Les architectes français restaient maîtres du terrain, mais les Perrault ne triomphaient pas encore. Tous ceux qui s'étaient ligués contre l'Italien se trouvèrent aux prises, lorsqu'ils eurent repoussé l'ennemi commun.

Le Vau avait pour lui son titre de premier architecte du roi ; en outre il avait commencé l'ouvrage. Claude Perrault avait l'appui de son frère qui, on l'a vu, ne manquait ni d'adresse ni ne ténacité. Colbert lui était secrètement favorable, mais il était scabreux de confier une si grande entreprise à un docteur de la Faculté ; on répétait dans le public que l'architecture devait être bien malade pour qu'on se décidât à appeler un médecin.

Pour respecter les droits de la hiérarchie et ménager l'amour-propre du premier architecte du roi, il

fut formé un petit conseil composé de Le Vau, de
Le Brun et de Claude Perrault. Tous trois devaient
assumer ensemble la charge et recueillir la gloire
de la construction. Colbert les fit venir chez lui au
mois d'avril 1667, et leur expliqua « qu'il désirait
qu'ils travaillassent unanimement et conjointement
à tous les dessins qu'il y aurait à faire pour l'achèvement du palais du Louvre, en sorte que ces dessins seraient regardés comme l'ouvrage d'eux trois
également et que *pour conserver l'union et bonne
intelligence, aucun ne pourrait s'en dire l'auteur
particulièrement au préjudice des autres*[1] ».
Naturellement le triumvirat se trouva divisé dès
les premières délibérations et finit par présenter
deux projets : l'un, qui comportait une colonnade,
c'était celui de Perrault, l'autre, « plus simple, plus
uni, sans ordre de colonnes », c'était celui de Le Vau.
Les deux dessins furent mis ensemble sous les yeux
de Louis XIV le 13 mai.

J'étais présent, raconte Charles Perrault, lorsque ces
deux dessins furent présentés. C'était dans le petit cabinet du roi, à Saint-Germain ; il n'y avait que Sa Majesté,
un capitaine des gardes, M. Colbert et moi. Le roi les
regarda tous deux fort attentivement ; ensuite de quoi il
demanda à M. Colbert lequel des deux il trouvait le plus
beau et le plus digne d'être exécuté. M. Colbert dit que,

---

1. *Journal des délibérations et résolutions touchant les bâtiments
du Roi*, cité par Piganiol de La Force. Ed. 1765, II, 253. — Appendice VII.

s'il en était le maître, il choisirait celui qui n'avait pas
de galerie. (On ne donnait pas encore le nom de péristyle à ces rangs de colonnes qui, posés le long d'un bâtiment, forment une espèce de galerie couverte qui com-
munique à toutes les pièces des appartements.) Ce dessin
était celui de M. Le Vau, ce qui m'étonna fort. Mais il ne
se fut pas plutôt déclaré pour ce dessin que le roi dit :
« Et moi je choisis l'autre qui me paraît le plus beau et
le plus majestueux. » Je vis que M. Colbert avait agi en
habile courtisan qui voulait donner tout l'honneur du
choix à son maître. Peut-être était-ce un jeu entre lui et
le roi.

Cette fois le plan de Claude Perrault était adopté
dans ses grandes lignes. Cependant on ne manqua
pas de soutenir que la façade de Perrault était
contraire à toutes les règles de l'art et s'écroulerait
avant d'être achevée. Pour calmer les inquiétudes
de Colbert, il fallut faire exécuter un petit modèle
de l'édifice en pierre.

Trois ans après, la façade était élevée, et, en 1674,
le fronton mis en place.

Claude Perrault n'a pas seulement dessiné et
édifié la partie du palais qui regarde Saint-Germain-l'Auxerrois ; il est aussi l'auteur des bâtiments
qui, au nord et au sud, forment le quadrilatère du
Louvre. Les façades, sur lesquelles il s'était gardé
de placer des colonnades, devaient être raccordées
et harmonisées avec la façade principale, le grand
péristyle flanqué de deux pavillons d'angle.

Du côté du fleuve l'exécution du plan de Perrault se heurtait à une difficulté : au midi, Le Vau avait déjà presque terminé la construction d'un bâtiment surmonté d'un dôme, et le pavillon d'angle conçu par Perrault dépassait de trente-six pieds la façade de Le Vau. Pour pallier cet inconvénient et aussi pour augmenter les dimensions des apparte-ments, Perrault obtint de masquer la façade de Le Vau par une façade nouvelle et de bâtir une terrasse, comme sur les autres faces.

Un autre problème, plus délicat encore, se posait : comment élever sur la cour la façade adossée à la colonnade? Les bâtiments de l'ouest construits par Lescot et prolongés par Le Mercier étaient sur-montés d'un attique et d'un comble. Il était impos-sible de reproduire à l'est une semblable disposition; en effet les balustrades qui surmontaient la colon-nade, auraient apparu en retrait, au-dessus du comble, l'aspect en eût été ridicule. Il fallait donc exhausser les constructions du côté de la cour et remplacer l'attique et le comble par un étage couronné d'une terrasse. Quelle ordonnance don-ner à ce nouvel étage? Perrault hésita. Sa première pensée fut de répéter, au nord, à l'est et au sud, des cariatides analogues à celles que Sarasin avait sculptées pour le pavillon de l'Horloge. Mais il renonça bientôt à aligner cent quarante figures de femmes, et se contenta de reproduire l'ordonnance et le décor de l'étage inférieur.

Il ne vit point l'achèvement des travaux entre-

pris sur ses plans. Les constructions du Louvre qui
depuis 1671 étaient négligées au profit de Versailles,
furent complètement abandonnées à partir de 1680,
et demeurèrent sans couverture. Le nouveau Louvre
n'a été terminé qu'au XIXᵉ siècle.

La Colonnade du Louvre, telle qu'elle se présente
aujourd'hui, n'est pas tout à fait conforme au projet primitif de l'architecte. Le mur du rez-de-chaussée devait offrir une surface unie décorée de trophées : on exigea de Perrault qu'il y pratiquât des
fenêtres et ainsi fut supprimé le contraste de la
masse sévère du soubassement à la magnificence
du péristyle. La muraille du péristyle devait être
ornée de niches contenant des statues : Perrault
dut les remplacer par des fenêtres; plus tard, il
est vrai, on boucha ces fenêtres et refit des niches;
sous le premier Empire on rouvrit les fenêtres, mais
ce fut pour les aveugler, car elles ne correspon-
daient pas avec celles qui, de l'autre côté, donnaient
sur la cour : dans les intérieurs, ces deux rangées
de fenêtres sans symétrie auraient produit un
effet désastreux. Des médaillons surmontaient les
niches dans les entre-colonnements, et devaient
encadrer des bas-reliefs où seraient représentées
les grandes actions du roi : jamais ces bas-reliefs
n'ont été sculptés, ils sont remplacés par deux L
accolés. Enfin tout l'édifice reposait sur une base
haute de 7 mètres et demi et sur cette puissante
maçonnerie courait une grecque vigoureusement

sculptée ; ce socle descendait jusqu'au fond d'un grand fossé qui devait entourer le Louvre : le fossé n'a jamais existé et les proportions du monument sont altérées.

Ces imperfections, il serait injuste de les reprocher à Perrault ; mais ce superbe monument a d'autres défauts qui sont bien le fait de l'architecte et sautent aux yeux du premier venu : le mur qui forme le fond du péristyle n'annonce pas un édifice destiné à l'habitation ; la porte du palais est mesquine ; la terrasse à l'italienne ne répond pas aux conditions du climat parisien ; la construction trop élevée a exigé qu'on édifiât sur la cour des façades sans harmonie avec l'œuvre de Pierre Lescot. Reconnaissons aussi que ce palais eût été fort incommode s'il avait fallu y loger le roi et sa cour. Il n'a jamais servi à cet usage ; ni Louis XIV ni ses successeurs n'y ont résidé ; mais aujourd'hui qu'il abrite des musées, il ne convient pas mieux à l'exposition des œuvres d'art qu'il n'eût convenu à l'habitation d'un monarque. Enfin, — mais ceci n'est plus la faute de Perrault, — sa beauté a suscité trop d'imitations : désormais, tous les bâtiments de Paris seront décorés de colonnades, depuis les charmants pavillons de Gabriel sur la place Louis XV jusqu'au Grand Palais, legs à tout jamais regrettable de la dernière Exposition universelle.

La Colonnade du Louvre n'est qu'un décor, un solennel frontispice posé devant les bâtiments

DESSIN DE CLAUDE PERRAULT
pour la façade orientale du Louvre

(Archit. fr. de J.-F. Blondel)

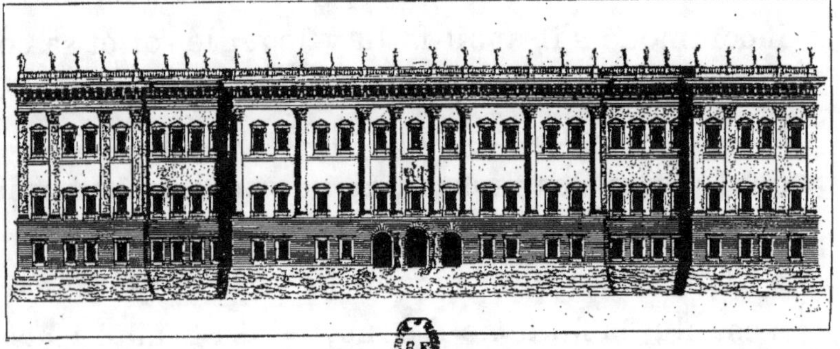

DESSIN DE BERNIN
pour la façade orientale du Louvre

grandioses qui devaient un jour se prolonger jusqu'aux Tuileries, mais ce décor est un des plus
magnifiques qui ait jamais été conçu. Il avait
l'imagination d'un grand peintre, l'architecte qui a
su mettre en contraste les pavillons d'angle sobre-
ment décorés de grands pilastres et l'immense
péristyle où, entre les colonnes, la lumière fait les
jeux les plus variés, selon les heures du jour. Et ce
tableau a été réalisé par le plus audacieux et le
plus savant des constructeurs : il donne une impression merveilleuse d'élégance et de solidité. Quinze
ans après l'achèvement de la colonnade Charles
Perrault pouvait écrire de l'œuvre de son frère :
« ... On crut que l'exécution en serait impossible
et que ce dessin était plus propre pour être peint
dans un tableau... Cependant il a été exécuté entièrement et il se maintient sans qu'une seule pierre de
ce large plafond tout plat et suspendu en l'air se soit
démontée le moins du monde. Toute cette façade a
d'ailleurs été construite avec une propreté et une
magnificence sans égales. Ce sont toutes pierres
d'une grandeur démesurée dont les joints sont
presque imperceptibles, et tout le derrière des portiques a été appareillé avec un tel soin qu'on ne
voit aucun joint montant dans toute l'étendue de
cette façade. On a eu la précaution de les faire rencontrer contre les côtés des pilastres et contre les
bandeaux des niches qui les cachent par leur saillie,
en sorte que chaque assise semble être toute d'une

pièce d'un bout à l'autre de chaque portique, beauté de construction qui ne se trouvera point dans aucun bâtiment ni des Anciens ni des Modernes. » En vérité, c'est un incomparable morceau d'architecture.

D'architecture française? Oui, malgré les réminiscences de Vignole, malgré les terrasses. Ce n'est pas l'emploi de tel ou tel élément architectonique qui détermine le caractère d'un édifice, mais un certain accent particulier qui est celui de la tradition et de la race. Dans ce bâtiment d'apparence italo-antique on découvre une sûreté de goût, une recherche prudente de la nouveauté, un mélange de hardiesse et de bon sens, toutes les qualités propres à l'art français. Le Bernin avait plus de génie que Perrault ; mais son palais, dont nous connaissons les dessins, aurait fait étrange figure au milieu de Paris. Au contraire, celui de Perrault ne trouble en rien la secrète harmonie qui, de siècle en siècle, des gothiques aux modernes, s'est établie entre tous les monuments de notre capitale.

Combien est puissant l'ascendant du génie d'un peuple, rien ne le fait mieux voir que l'histoire de la construction du Louvre. Lorsque François Ier se résout à remplacer par un château neuf le vieux château de Philippe Auguste, il appelle d'abord l'Italien Serlio, mais il revient au Français Pierre Lescot. Quand Louis XIV veut bâtir son propre palais, il commence par s'adresser au Bernin et

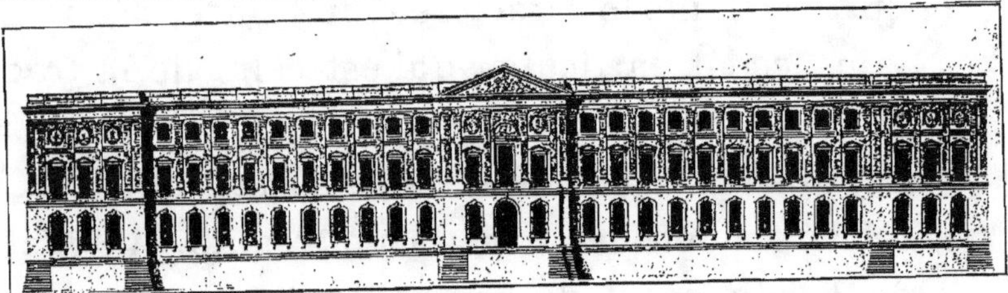



(*Archit. fr. de J.-F. Blondel*)

finit par choisir le projet de Claude Perrault. Sans doute, l'aventure aurait pu, cette fois, avoir un autre dénouement si Charles Perrault n'avait été le commis de Colbert et s'il n'avait mis tant de zèle à servir les intérêts de sa famille et de l'art français; mais, dans tous les cas, l'étranger aurait été finalement écarté au profit d'un Français. Ni les engouements du public ni les caprices du prince ne sauraient rompre la chaîne de la tradition nationale.

### V. — L'OBSERVATOIRE
### L'ARC DE TRIOMPHE DE LA PORTE SAINT-ANTOINE
### VERSAILLES

En même temps qu'il était chargé de l'achèvement du Louvre, Claude Perrault avait à dessiner les plans de deux grands édifices : l'Observatoire et l'Arc de Triomphe de la Porte Saint-Antoine.

L'Observatoire fut bâti de 1667 à 1672. Colbert avait remis à l'Académie des Sciences le soin d'en choisir l'emplacement. On pensa d'abord à Montmartre, mais on redouta le voile que formaient vers le midi les fumées de Paris, et l'on se décida pour le faubourg Saint-Jacques : là s'étendait au sud un vaste et clair horizon. Durant la construction Perrault, bien que ses plans eussent

été approuvés par Colbert, fut obligé de les rema-
nier à plusieurs reprises. Cassini, que le roi venait
d'appeler en France, harcelait l'architecte de ses
critiques. Le Vau, chagrin qu'on eût confié à un
autre les plans de l'Observatoire, appuyait Cassini.
Malgré tout, l'Observatoire est un bâtiment parfaitement approprié à ses fins scientifiques, et ses
deux façades du nord et du midi montrent une
puissante et originale beauté.

Quant à l'Arc de Triomphe élevé par la ville de
Paris à la gloire de Louis XIV après les conquêtes
de la Flandre et de la Franche-Comté, la première
pierre en fut posée le 6 août 1670. Le Brun et Le Vau
avaient donné des dessins auxquels furent préférés
ceux de Perrault. Nous ne connaissons pas le projet
de Le Vau, mais nous possédons un dessin de Le
Brun. Bien que très analogue à l'édifice de Perrault
il nous semble présenter un décor plus élégant, un
aspect plus décoratif, plus triomphal. Au reste ce
monument dura peu. Il ne fut jamais élevé en pierre
que jusqu'à la hauteur des piédestaux des statues.
On le termina en plâtre : il fut vite délabré, on le
démolit en 1716.

Claude Perrault a, comme tous les artistes de son
temps, concouru à la création de Versailles.

A la vérité, il semble n'avoir eu aucune part dans
le dessin et la construction des bâtiments. Lorsqu'en 1668, Louis XIV décida de transformer son
« petit château » en une « grande maison », il

demanda des plans à divers architectes : Le Vau,
Jacques Gabriel, Antoine Le Paultre, Vigarani et
Claude Perrault. Ce dernier présenta un projet qui,
au dire de Charles Perrault, fut approuvé du roi et
de son conseil, mais qui faisait table rase des constructions primitives. Or, le roi, après s'être d'abord
résigné à cette démolition, avait changé de sentiment, et l'on avait beau lui représenter que le « petit
château » menaçait ruine : « Faites ce qu'il vous
plaira, répondait-il, mais si vous l'abattez je le ferai
bâtir tel qu'il est et sans y rien changer. » Il désigna
donc Le Vau qui acceptait de conserver les bâtiments
anciens et de les raccorder au plan du château neuf.
On conçoit, d'ailleurs, que celui-ci, auteur du premier Versailles, ait répugné à raser un ouvrage
dont il était fier. Il était non moins naturel que Perrault ne partageât pas cette manière de voir.

S'il fut étranger à l'architecture du palais, il
donna de nombreux dessins pour l'ornementation
des jardins. Malheureusement, nous le verrons plus
loin, tous ces dessins ont péri. Voici les ouvrages
auxquels il a collaboré.

a) *La Grotte de Thétys*. — Cette grotte qui
s'élevait à l'emplacement maintenant occupé par le
vestibule de la chapelle, fut détruite en 1684 quand
Jules Hardouin Mansart construisit l'aile du nord.
Nous la connaissons par de nombreuses estampes
et par les descriptions de Madeleine de Scudéry

dans la *Promenade de Versailles* et de La Fontaine dans les *Amours de Psyché*. On y voyait, dans un magnifique décor de fontaines, de rocailles et de coquilles, les admirables groupes sculptés par Girardon, Regnaudin, Tubi, Marsy et Guerin, qui, après bien des vicissitudes, furent placés, au XVIII<sup>e</sup> siècle, sous un rocher d'Hubert Robert, dans le bosquet des bains d'Apollon. Quand on entreprit de bâtir la grotte, Charles Perrault raconte qu'il eut le premier l'idée « d'y mettre Apollon qui va se coucher chez Thétys après avoir fait le tour de la terre, pour représenter que le roi vient se reposer à Versailles après avoir travaillé à faire du bien à tout le monde. » Il confia sa pensée à Claude qui en fit un dessin *sans exemple*, « raison, dit-il, pour laquelle il aurait dû être préféré. » Que voilà bien nos Perrault ! C'étaient « des figures colossales qui auraient été de marbre blanc, revêtues en partie de rocailles qui les auraient fait paraître d'une seule pièce. » Cette nouveauté déplut à Le Brun qui fit exécuter les groupes en marbre. Mais les autres ornements qui ravissaient Jean de La Fontaine, les trois grilles où rayonnait un soleil d'or, les « compartiments » de la voûte et du pavé, les masques de rocailles, les revêtements des parois où se mêlaient

> Morceaux pétrifiés, coquillage, croissance,
> Caprices infinis du hasard et des eaux.

toutes ces fantaisies avaient été imaginées et dessinées par Claude Perrault.

b) *La Pyramide, le Bain de Diane, l'Allée d'eau.* — Cette merveilleuse succession de fontaines est encore l'ouvrage de Perrault. La Pyramide avec ses quatre vasques superposées forme un des plus jolis jeux d'eau de Versailles. Le Bain de Diane dont Girardon a sculpté le grand bas-relief, est une composition de la grâce la plus délicate. Les groupes d'enfants qui s'étagent sur la longue pelouse entre le bosquet de l'Arc de Triomphe et celui des Trois fontaines, sont une délicieuse invention; ils n'étaient d'abord que quatorze, sept de chaque côté; on en ajouta huit, et les deux files furent prolongées dans la demi-lune du Dragon; puis les enfants, les « marmousets » qui étaient d'abord en plomb doré, furent fondus en bronze. La Pyramide, le Bain de Diane et les Marmousets ont été parfois attribués à Le Brun. Charles Perrault en revendique l'invention pour son frère. Afin d'en décider il faudrait posséder les dessins de Perrault, mais ils n'existent plus.

c) *Vases de marbre et de bronze.* — Parmi les nombreux vases que Claude Perrault dessina pour Versailles, son frère en vante particulièrement deux, exécutés par Girardon : *la Force* où étaient représentés les travaux d'Hercule, et *la Douceur* qu'ornaient les Trois Grâces. C'est en vain qu'on les cherche aujourd'hui dans le parc de Versailles. Ils ont subi le sort de tant de chefs-d'œuvre qui furent détruits ou dispersés.

Ajoutons, pour ne rien omettre, que Charles Perrault fit quelques travaux dans la chapelle du château de Colbert à Sceaux (aujourd'hui démoli), qu'il a orné de grands pilastres corinthiens le chœur de l'église Saint-Benoit sa paroisse (également disparue), et qu'il a décoré la chapelle de Notre-Dame de Savone dans l'église des Petits-Pères, Notre-Dame des Victoires.

Telle fut l'œuvre de Claude Perrault. Sa carrière d'architecte avait été très courte. A partir de 1680, pendant les huit dernières années de sa vie, il s'absorba dans des études théoriques et des recherches scientifiques.

## VI. — LES ÉCRITS DE CLAUDE PERRAULT

Chargé par Colbert de faire une traduction de Vitruve, Claude Perrault dédia son ouvrage à Louis XIV. Il disait dans la préface :

« Il me semble que la difficulté qui se rencontre dans la traduction de Vitruve vient de ce qu'il n'est pas aisé de trouver en une même personne les différentes connaissances qui sont nécessaires pour y réussir ; car l'intelligence parfaite de ce qu'on appelle les Belles-Lettres et l'application assidue à la critique et à la recherche de la signification des termes qu'il faut recueillir avec beaucoup de jugement dans un grand nombre d'auteurs de l'antiquité, se trouvent rarement jointes avec ce génie qui, dans l'architecture, de même que dans tous les Beaux-Arts, est quelque chose de pareil à cet instinct que la Nature seule donne à chaque animal et qui le fait réussir dans certaines choses avec une facilité qui est déniée à ceux qui ne sont pas nés pour cela. »

S'il n'est pas arrivé à dissiper les innombrables obscurités de Vitruve, ce n'est assurément pas qu'il ait manqué de deux qualités, par lui-même jugées indispensables : il savait le latin, et l'on ne peut dire que l'auteur de la Colonnade du Louvre ait été sans génie. Il a scruté et discuté chaque mot des dix livres de Vitruve avec une remarquable ingéniosité. Les notes abondantes dont sa traduction est accompagnée, attestent ses connaissances philologiques, elles montrent aussi qu'il avait profondément médité sur tous les détails de l'art de bâtir. A ces éclaircissements il a encore ajouté une suite de planches qu'il a dessinées lui-même et fait graver par Sébastien Leclerc. Il n'en est pas moins obligé, presque à chaque page, d'avouer que son auteur est difficile, que ses interprétations sont contestables. Il manquait peut-être à Perrault d'avoir vu de ses yeux les grands monuments de l'antiquité : il connaissait ceux de Rome par les relevés que tant d'architectes en ont fait sur place ; comme tous ses contemporains, il n'avait de l'art grec que des notions incomplètes ou erronées. On assure d'ailleurs que, malgré les découvertes de l'archéologie moderne, plus d'un passage de Vitruve est resté matière à controverse.

Ce qui nous intéresse plus que la traduction de Vitruve, c'est les notes de Perrault. Dans ses remarques ainsi que dans son traité de l'*Ordonnance des cinq espèces de colonnes selon la méthode des anciens* paru en 1683, il a exposé ses idées sur l'architecture. A ce point de vue les notes de la deuxième édition de Vitruve, publiée en 1684, sont particulièrement instructives : il y répond aux critiques assez acerbes dont un autre architecte, François Blondel, avait criblé les plans et les dessins du Louvre dans son *Cours d'architecture*. Pour justifier son ouvrage Perrault édifie sa théorie.

Il n'a jamais pensé que l'architecture moderne pût être infidèle aux leçons de l'antiquité. Pour lui comme pour les architectes de la Renaissance française, Lescot, Bullant et Philibert de l'Orme, comme pour ses prédécesseurs immédiats Du Cerceau, Le Mercier, Mansart, comme pour ses contemporains Le Vau, Dorbay, Blondel, l'ordre antique reste l'inébranlable principe de l'architecture ; mais — ici va se révéler le tempérament novateur des

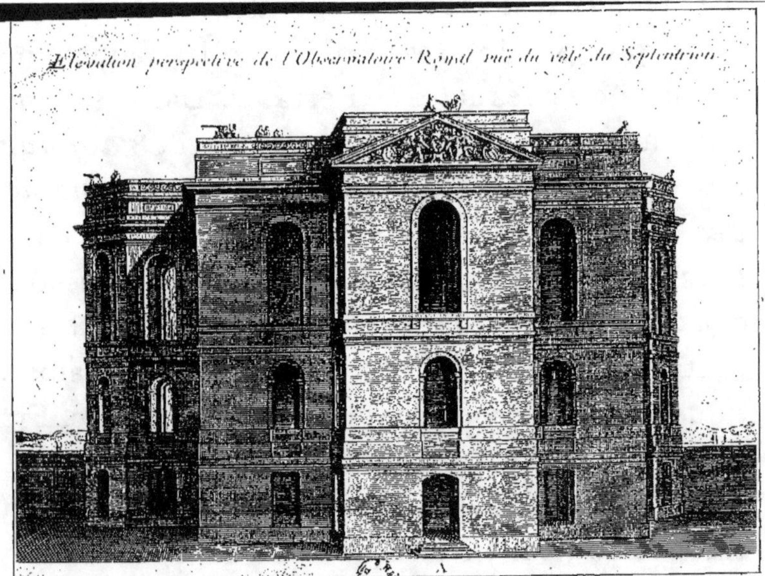


DESSIN DE CLAUDE PERRAULT
pour l'Observatoire.

(Archit. fr. de J.-F. Blondel)

Perrault — il entend que les modernes aient la licence de modifier à leur goût les formes et les proportions pratiquées par les Anciens. Blondel ayant jugé contraire aux vraies doctrines de l'Antiquité que des colonnes fussent placées deux à deux, comme dans la Colonnade du Louvre, Perrault riposte :

La principale objection sur laquelle on appuie le plus, est fondée sur un préjugé et sur la fausse supposition qu'il n'est pas permis de se départir des usages des Anciens; que tout ce qui n'imite pas leurs manières doit passer pour bizarre et pour capricieux, et que si cette Loi n'est inviolablement gardée, on ouvre la porte à une licence qui met le dérèglement dans tous les Arts. Mais comme cette raison prouve trop, elle ne doit rien prouver ; car il y a beaucoup plus d'inconvénient à fermer la porte aux belles inventions, qu'à l'ouvrir à celles qui étant ridicules se doivent détruire d'elles-mêmes. Si cette Loi avait eu lieu, l'Architecture ne serait jamais parvenue au point où l'ont mise les inventions des Anciens, qui ont été nouvelles en leur temps ; et il ne faudrait pas chercher de nouveaux moyens pour acquérir les connaissances qui nous manquent, et que nous acquérons tous les jours dans l'Agriculture, dans la Navigation, dans la Médecine, et dans les autres Arts, à la perfection desquels les anciens ont travaillé, et à laquelle ils n'ont jamais prétendu d'être parvenus : du moins il ne se trouve point qu'aucun d'eux ait jamais prononcé d'anathème contre ceux qui voudraient ôter ou ajouter quelque chose aux règles que l'on se figure nous avoir été prescrites par ces grands personnages qui dans toutes les apparences auraient été aussi surpris s'ils avaient prévu la manière dont la postérité les a honorés, que Jupiter et Saturne l'auraient pu être si lorsqu'ils vivaient dans la Crète, et dans l'Italie, on leur eût prédit qu'on devait un jour leur élever des autels.

Comme Blondel a avancé que cette façon de disposer les colonnes tient du gothique, Perrault en convient, et il ajoute : « Mais supposé que le gothique en général, et à considérer tout ce qui le compose, ne soit pas le plus beau genre d'architecture, je ne pensais pas que tout ce qui est dans le gothique fût à rejeter. Le jour dans les édifices et les dégagements dont il s'agit, sont des choses en quoi les Gothiques diffèrent des Anciens, mais ce n'est pas en cela que le gothique est à reprendre. »

Dans l'*Ordonnance des cinq espèces de colonnes* il professe des maximes analogues ; il y revendique le droit de varier les proportions des colonnes et même les caractères des chapiteaux ; il s'élève contre « l'esprit de soumission » qui « confond le respect dû aux choses saintes et à celles qui ne le sont pas ».

Toute la préface de ce traité a un tour de paradoxe qui dut scandaliser l'Académie d'architecture, dont Perrault ne fit jamais partie, bien que son Vitruve ait, pendant plusieurs années, servi de thème aux délibérations de la compagnie.

Il y a, dit-il, deux sortes de beautés dans l'architecture, savoir celles qui sont fondées sur des raisons convaincantes, et celles qui dépendent de la prévention. J'appelle des beautés fondées sur les raisons convaincantes, celles par lesquelles les ouvrages doivent plaire à tout le monde, parce qu'il est aisé d'en constater le mérite et la valeur, celles que font la richesse de la matière, la grandeur et la magnificence de l'édifice, la justesse et la propriété de l'exécution, et la symétrie qui signifie en français l'espèce de proportion qui produit une beauté évidente et remarquable...

Or j'oppose à ces sortes de beautés... celles que j'appelle arbitraires parce qu'elles dépendent de la volonté qu'on a eu de donner une certaine proportion, une forme et une figure certaine aux choses qui pourraient en avoir une autre sans être difformes et qui ne sont point rendues agréables par les raisons dont tout le monde est capable, mais seulement par l'accoutumance, et par une liaison que l'esprit fait de deux choses de différente nature; car par cette liaison il arrive que l'estime dont l'esprit est prévenu pour les unes dont il connaît la valeur, influe une estime pour les autres dont la valeur lui est inconnue, et l'engage insensiblement à les estimer également. C'est aussi la prévention qui fait aimer les choses à la mode et les manières de parler que l'usage a établies à la Cour, car l'estime que l'on a pour le mérite et la bonne grâce des personnes de la Cour, fait aimer leurs habits et leur manière de parler, quoique ces choses d'elles-mêmes n'aient rien de positivement aimable, puisque l'on en est choqué quelque temps après, sans qu'elles aient souffert aucun changement en elles-mêmes.


Simples *beautés d'accoutumance* : la proportion des chapiteaux aux colonnes, « la situation des modillons dans les frontons, celle des denticules

sous les modillons, la richesse des ornements de la
corniche dorique, la simplicité de l'ionique, la position des colonnes qui dans les portiques des temples
anciens, n'étaient pas d'aplomb étant penchées vers
le mur ».

Le bon goût est fondé sur la connaissance des unes et
des autres de ces beautés; mais il est constant que la connaissance des beautés arbitraires est la plus propre à
former ce que l'on appelle le goût, et que c'est elle seule
qui distingue les vrais architectes de ceux qui ne le sont
pas; parce que pour connaître la plupart des beautés
positives, c'est assez que d'avoir du sens commun ; n'y
ayant pas grande difficulté à juger qu'un grand édifice
de marbre taillé avec justesse et propreté, est plus beau
qu'un petit, fait de pierres mal taillées, où il n'y a rien qui
soit à niveau, ni d'aplomb, ni à l'équerre... Mais il n'y a
point de bon sens qui fasse connaître que les bases des
colonnes ne doivent jamais avoir ni plus ni moins de
hauteur que la moitié du diamètre des colonnes; que les
modillons et les denticules aux frontons doivent être
perpendiculaires à l'horizon ; que les denticules doivent
être sous les modillons; qu'il faut que les triglyphes soient
larges de la moitié du diamètre de la colonne, et que les
métopes soient carrées.

D'où l'auteur conclut, avec une prudence un
peu inattendue, qu'il faut s'éloigner le moins possible des proportions reçues et usitées, mais que
néanmoins on peut sans sacrilège regarder comme
« arbitraires » certaines règles de l'architecture
antique.

Et longuement, très longuement, il explique dans quelle mesure les modernes peuvent modifier les ordonnances consacrées. Ces modifications sont, naturellement, celles que lui-même s'est permises dans les édifices qu'il a élevés.

Inutile de le suivre sur ce terrain. Les lignes que nous avons citées, suffisent à montrer et l'originalité de sa « tendance » et la solidité un peu massive de son style où rien ne se reflète des brillantes qualités de son architecture.

Sur les écrits de Claude Perrault concernant les sciences naturelles physiques et mathématiques nous serons très brefs faute de compétence. Fussions-nous moins ignorants, nous serions intimidés par l'extraordinaire diversité des sujets traités dans ces ouvrages. D'ailleurs, ces vieux bouquins, si magnifiquement imprimés, si confortablement reliés, si soigneusement illustrés, qui songerait maintenant à les consulter? Elle est assez mélancolique la destinée des savants : à moins qu'ils n'aient apporté au monde une de ces grandes hypothèses qui soudain élargissent et fécondent le champ des connaissances humaines, nul ne songe à les relire. Des lettrés s'amusent à fouiller les bibliothèques, à exhumer de vieux livres pour y découvrir une page bien venue, une pensée heureuse, un beau vers. Les physiciens, les biologistes n'ont que faire de flâner dans le passé : leur tâche est devant eux ; la seule expérience qui les intéresse est celle de la veille, celle qu'ils pourront eux-mêmes contrôler, confirmer ou démentir.

Aussi de l'œuvre scientifique de Claude Perrault ne retiendrons-nous que sa prodigieuse variété, témoignage des curiosités et des aptitudes de cet esprit véritablement universel.

Il a eu la réputation d'un anatomiste très habile, son nom était cité avec ceux de Duverney et de Miry. Il a donné les résultats de ses dissections dans quatre volumes de *Mémoires pour servir à l'histoire naturelle des animaux* (1671-1676); il a contribué à détruire une foule de préjugés qui avaient toujours cours sur des animaux fabuleux comme le caméléon, la salamandre et le pélican.

Dans les quatre volumes de ses *Essais de physique* (1680-1688), il a traité *de la pesanteur des corps, de leur ressort et de leur dureté;* de *la sève des plantes;* du *bruit* (mot qu'il préfère à celui de *son* parce qu'il le trouve plus général); de *la musique des Anciens;* de *la mécanique des animaux; de la génération des parties qui reviennent à quelques animaux, après avoir été coupées; des sens extérieurs.* De ces essais le plus original est celui de la *Mécanique des animaux* où l'on découvre les germes du système *spiritualiste* qui devait, au XVIIIe siècle, rendre célèbre le nom du médecin allemand Stahl.

Enfin, après sa mort, en 1700, par les soins de

son frère, parut un *Recueil d'un grand nombre de machines de nouvelle invention* : machines qui élèvent l'eau, les fardeaux sans frottement ; horloge à pendule qui va par le moyen de l'eau ; machine pour empêcher que les gros câbles des ancres ne soient facilement rompus ; divers modèles de ponts. C'est là qu'il a décrit les machines à l'aide desquelles furent transportées les énormes pierres, longues de trente-quatre pieds, formant la cimaise du fronton du Louvre.

Claude Perrault mourut en 1688, à l'âge de soixante-cinq ans, pour avoir disséqué au Jardin du Roi le cadavre d'un chameau mort d'une maladie infectieuse.


## VII. — CLAUDE PERRAULT EST-IL L'AUTEUR DES PLANS DU LOUVRE?


On a soutenu que Claude Perrault n'était pas l'auteur de la Colonnade du Louvre, on a même soutenu qu'il n'était pour rien dans le dessin et la construction des divers édifices qui lui ont été attribués. Cette question semblait depuis longtemps résolue ; aussi nous serions-nous bornés à rappeler cette controverse rétrospective si naguère un critique de grand savoir n'avait voulu établir qu'en bonne justice Le Vau et Le Brun devaient être associés à la gloire de Perrault[1]. Il faut donc y revenir.

Au début de l'année 1664 Colbert demande aux architectes français d'exposer leurs projets pour l'achèvement du Louvre. C'est alors que, s'inspirant d'une idée de son frère, Claude présente pour la première fois un dessin de la colonnade, Charles Perrault l'affirme dans ses *Mémoires*. Dans les souvenirs contés par un vieillard, trente-cinq ans après les événements, on a pu relever quelques inexactitudes : ce n'est pas une raison pour rejeter une affirmation dont la preuve, aujourd'hui détruite, était alors à la disposition de tout le monde.

En avril 1667, quand les plans du Bernin ont été définitivement écartés, Le Vau, Le Brun et Perrault sont invités à élaborer en commun un projet qui sera regardé « comme l'ouvrage des trois également », et Colbert leur impose cette condition « qu'aucun ne pourra s'en dire l'auteur particulièrement au préjudice des autres ». Mais il leur est impossible de se mettre d'accord. Ils proposent donc deux projets entre lesquels le roi choisit celui qui comporte un péristyle, c'est-à-dire la colonnade.

A qui doit-on attribuer le projet préféré par le roi ?

Les faits sont rapportés dans le *Registre ou Journal des délibérations et résolutions touchant les bâtiments du roi*, registre disparu, mais dont

---

1. Voir l'appendice VII.

Piganiol de la Force a transcrit un passage dans sa *Description historique de la ville de Paris* (tome II, p. 253). Le procès-verbal avait été contresigné par Colbert, « au camp de Charleroy », le 7 juin 1667. Piganiol fait suivre ce document des réflexions suivantes dont il est difficile de contester la justesse :

1° Monsieur Colbert nous apprend d'abord qu'aucun des architectes, tant de France que d'Italie, n'avait entièrement réussi dans les dessins du Louvre qu'ils avaient donnés. Il n'y a point à douter un moment que parmi les architectes de France, à la tête desquels était Le Vau, en qualité de premier Architecte du Roi, il n'eût aussi donné son dessin. Or, s'il avait été capable de produire le dessin de la façade du Louvre, pourquoi ne l'aurait-il pas fait paraître alors, et aurait-il attendu qu'on l'eût associé avec Le Brun et Perrault qui n'étaient point Architectes de profession ?

2° Louis XIV qui était le meilleur maître qu'il y eut au monde, comme il était le plus grand, ne voulut point déshonorer son premier architecte, et l'associa à Le Brun et à Perrault. Le Vau était le plus habile architecte qu'il y eût à Paris, mais je m'explique : c'était un de ces architectes de tradition comme ils sont presque tous. Il avait parfaitement profité de ce qu'on lui avait enseigné, et de ce qu'il avait vu pratiquer, mais nulle imagination, nulle invention au delà. Le Brun était un grand peintre, et ne se mêlait d'architecture qu'autant qu'elle entrait quelquefois dans la composition de ses tableaux, mais il avait le génie si beau et si grand qu'il s'étendait à tous les arts, et qu'il se connaissait à tous. C'était une espèce de surarbitre que le Roi avait nommé pour départager les deux autres. Perrault était né architecte, et avait fortifié ce talent naturel par l'étude qu'il avait faite de Vitruve dont il a donné au public une traduction excellente.

3° On voit par ce Journal que malgré l'ordre que le Roi avait fait donner à ces trois Messieurs de travailler unanimement et conjointement à tous les dessins qu'il y aurait à faire pour l'achèvement du Palais du Louvre, en sorte que ces dessins seraient regardés comme l'ouvrage des trois également, et qu'aucun ne pourrait s'en dire l'auteur particulièrement au préjudice des autres; malgré cet ordre si respectable, il n'y eut pas moyen d'y assujettir ces trois personnes de génie et de caractère si différents. Au lieu d'un seul dessin pour la façade, ils en firent deux, dont l'un était orné d'un ordre de colonnes formant un péristyle ou galerie au-dessus du premier étage; et l'autre était plus simple et plus uni sans ordre de colonnes. Or fut-ce le sieur Le Vau et le sieur Perrault qui donnèrent le dessin à colonnes formant un péristyle? En ce cas-là ce serait l'ouvrage de tous les deux également, et le dessin simple et uni serait du sieur Le Brun. Tout cela ne paraît pas vraisemblable. Ou bien seraient-ce Le Vau et Le Brun qui seraient les auteurs du dessin à colonnes? et en ce cas-là Perrault serait l'auteur du dessin uni, tort que personne ne lui a jamais fait; ou enfin c'est Perrault qui est l'auteur du dessin à colonnes, et qui a été approuvé par Le Brun, et pour lors le dessin uni restera à Le Vau, sans que personne lui en dispute la gloire.


Chacun des trois membres du Conseil des bâtiments ayant pris l'engagement de ne point revendiquer pour soi l'honneur du plan définitif, Perrault garde un silence scrupuleux. Quand il publie, en 1673,

sa traduction de Vitruve, il place en tête du volume
un élégant frontispice de Sébastien Le Clerc où
apparaissent la façade du Louvre, l'Arc de Triomphe
de la Porte Saint-Antoine et l'Observatoire ; mais
dans ses notes, où il défend ardemment ces édifices
contre les critiques de l'architecte François Blondel,
ni dans la première ni dans la seconde édition de
son livre, il ne les désigne comme ses propres
ouvrages. (Notons que François Blondel qui ne les
ménage pas dans son *Cours d'architecture*, n'a
jamais dit ou insinué que Perrault n'était pas l'auteur
de la Colonnade ; il savait à quoi s'en tenir.) On peut,
du reste, se demander si, dans ses écrits, Perrault
mettrait tant de passion à plaider une cause qui
ne serait pas exclusivement la sienne.

Ni Le Vau, ni Dorbay, son gendre et son disciple,
ne se consolèrent de la préférence que le roi avait
accordée au projet d'un amateur, d'un médecin. Ils
se gardèrent de protester publiquement devant
l'Académie d'architecture, lorsque celle-ci, au cours
de la construction, fut souvent consultée sur les
dessins « de M. Perrault »[1]; mais dans le privé ils
ne laissèrent pas de récriminer, et l'on trouve l'écho
de leurs propos dans les *Histoires et recherches
des antiquités de la Ville de Paris*, par Sauval
(II, 62).

---

1. *Procès-verbaux de l'Académie d'Architecture* publiés par M. Lemonnier (1911), t. I.

« Ces grands travaux ont été commencés en 1667 et conduits dans l'état où on les voit à présent en 1670 par les soins et sur les dessins de Louis Le Vau, né à Paris, premier architecte du Roy, lequel a eu la direction des bâtiments royaux depuis 1653 jusqu'en 1670, qu'il est mort. François d'Orbay, son élève, ne contribua pas peu à la perfection de ce bel ouvrage, et c'est à ces deux excellents architectes à qui on doit attribuer toute la gloire du dessin et de l'exécution de ce superbe édifice malgré *tout ce que l'on a publié de contraire.* »

Voilà le texte le plus souvent invoqué en faveur de Le Vau; il a été reproduit presque textuellement par Germain Brice et par Le Rouge ; mais il faut observer que le livre de Sauval n'a pas paru de son vivant, que les notes de l'historien ont été remaniées et corrigées par des mains peu scrupuleuses, et que tout justement le passage cité n'est pas tout entier de Sauval, car, en 1670, on n'avait encore rien *publié de contraire.*

C'est seulement vingt-trois ans plus tard, cinq ans après la mort de Claude, que Boileau accuse formellement l'architecte d'avoir usurpé la gloire qui devait revenir à Le Vau et à Dorbay. Au plus fort de la querelle des Anciens et des Modernes, alors que les adversaires échangent les pires outrages, Despréaux écrit dans ses *Réflexions critiques sur quelques passages de Longin* (1693) :

« Je puis nommer un des plus célèbres de l'Académie

DESSIN DE CLAUDE PERRAULT
pour l'Arc de Triomphe de la Porte Saint-Antoine.

(Archit. fr. de J.-F. Blondel)

d'architecture qui s'offre de faire voir quand il voudra, papiers sur table, que c'est le dessin du fameux M. Le Vau qu'on a suivi dans la façade du Louvre et qu'il n'est point vrai que ni ce grand ouvrage d'architecture, ni l'Observatoire, ni l'Arc de Triomphe soient des ouvrages d'un médecin de la Faculté. »

Ce célèbre personnage de l'Académie d'architecture n'était autre que Dorbay : il n'a jamais tenté, et pour cause, la démonstration annoncée. Il n'est mort qu'en 1697, il a donc eu quatre années pour démentir ou confirmer le dire de Boileau : il s'est tu. Il n'avait rien à redouter de Charles Perrault, car celui-ci était, depuis vingt ans, privé de sa charge de contrôleur des bâtiments, il n'avait aucun crédit à la Cour, et était vu d'un mauvais œil par Louis XIV, étant ennemi de Boileau. Dorbay avait donc le champ libre : pourquoi n'a-t-il pas mis ses « papiers sur table » ?

Peut-être y songea-t-il, mais il fut prévenu par Charles qui, bon gardien de l'honneur de son frère, s'empressa de rassembler les dessins, croquis, coupes, élévations laissés par Claude ; il y joignit quelques commentaires de sa main[1] et offrit le tout au roi dans deux portefeuilles. Dès lors le silence de Dorbay devient significatif.

Ces dessins et ces papiers furent conservés à la Bibliothèque du Louvre jusqu'en 1871, mais ils ont

---

1. Appendice V.

été anéantis dans l'incendie allumé par la Commune. Cependant, durant deux siècles, ils étaient restés à la disposition des architectes et des historiens : aucun de ceux qui les ont eus sous les yeux n'a songé à reprendre l'assertion de Boileau.

Au dix-huitième siècle, le neveu de François Blondel, Jacques-François Blondel, dans son *Architecture française* considère comme irréfutables les preuves apportées par Charles Perrault ; lui-même reproduit quelques dessins et quelques notes manuscrites tirés du recueil de la Bibliothèque du roi[1]. L'architecte Patte n'est pas moins formel et quand il donne la première édition des *Mémoires* de Charles Perrault, il y ajoute ces considérations dont la valeur nous paraît décisive :

« Ceux qui, d'après les ennemis de la réputation de M. Perrault, ont répété que le péristyle du Louvre, l'Observatoire et l'Arc de Triomphe sont composés par M. Le Vau, ont fait voir qu'ils se connaissaient bien peu au génie et aux talents des artistes, puisqu'ils n'apercevaient pas l'énorme différence qu'il y a entre le goût de ces deux architectes. Si quelqu'un nous venait dire qu'un tableau de Bourdon est de Rubens, qu'une figure de Puget est de Coysevox, qu'une symphonie de Compra est de Lulli, il ne trouverait assurément aucune créance... De même aussi, dans l'architecture, la manière de

1. Appendice VII.

M. de Brosse n'est point celle de M. Mansart, de M. Le Mercier et de M. François Blondel, etc... Si la composition du péristyle du Louvre, de l'Arc de Triomphe et de l'Observatoire sont de M. Le Vau, il faut aussi que tous les ouvrages connus pour être véritablement de lui, tels que le château de Vaux-le-Vicomte, les deux grands corps de bâtiments de Vincennes qui sont du côté du parc, les hôtels de Lionne et du président Lambert à Paris, enfin le Collège des Quatre nations, soient composés dans le même esprit, dans le même caractère d'architecture que les trois premiers; mais c'est tout le contraire; il serait même difficile de trouver deux manières de traiter l'architecture plus opposées. Autant M. Le Vau est lourd dans ses proportions générales et mesquin dans ses profils, autant M. Perrault est élégant, noble, pur dans les détails, comme dans l'ordonnance de ses édifices. Ce dernier s'était frayé une route dans l'architecture qu'il ne tenait que de son génie, et que M. Le Vau ne connut jamais. »

A ces raisons-là, il n'y a rien à répondre. Nous avons encore aujourd'hui sous les yeux les ouvrages des deux architectes : le contraste saute aux yeux. Attribuer à Le Vau la Colonnade du Louvre, c'est donner à Boileau une fable de La Fontaine.

On objecte qu'à la fin de sa vie Le Vau semblait vouloir changer de manière, et l'on en donne pour preuve les façades du second château de Versailles commencées en 1668. Mais rien dans les façades de cet édifice ne rappelle de près ou de loin le style de Perrault. Sans doute les frontons des deux ailes du

château reposent sur de hautes colonnes ; mais les
plans de ce nouveau Versailles ont été arrêtés un
an après que le roi eut décidé qu'une colonnade se
dresserait sur la façade du Louvre. Les petites
colonnades de Versailles peuvent avoir été imaginées
par Le Vau pour flatter le goût du roi ; à moins
qu'elles n'aient été réclamées par le roi lui-même,
car il ne se gêna pas pour prendre ce qui lui parut
le meilleur dans les plans que lui avaient présentés
Jacques Gabriel, Antoine le Paultre, Vigarani et
Claude Perrault, et auxquels il avait, cette fois,
préféré ceux de Le Vau.

Au XIX<sup>e</sup> siècle le recueil des dessins fut encore
consulté par nombre de curieux et d'architectes.
Vitet dans son livre *Le Louvre et le Nouveau
Louvre* (1833) est sévère pour Perrault, il n'admire
guère la Colonnade, mais il a vu les dessins recueillis
par Charles [1], et il écrit : « C'est là qu'on apprend à
connaître Perrault, toujours riche et brillant dans ses
élévations, subtil et chimérique dans ses plans. Quelques-uns de ses projets pris à part... sont de petits
chefs-d'œuvre *en peinture* ; les lignes en sont habi-
lement ajustées, les dessins d'un rendu séduisant ;
mais en exécution que deviendraient ces projets ?
Quels défauts de pratique et de réflexion !... Ce ne
sont pas des conceptions sérieuses et solides. » (Et
pourtant elle tient bon, cette façade du Louvre qui,

---

1. Appendices VI et VII.

LA CONSTRUCTION DE LA COLONNADE DU LOUVRE

(Estampe de Sébastien Le Clerc.)

au dire des ennemis de Perrault, devait bientôt
s'écrouler comme un château de cartes, elle tient
bon, malgré le passage des « poids lourds » que
n'avait assurément pas prévu son constructeur !)
Vitet a même vu le premier projet, le projet proposé
par Perrault dès 1664 :

*C'était un dessin très fini, très rendu*, représentant
une longue série de colonnes corinthiennes, accouplées deux à deux et posées sur un immense soubassement. Au-dessus de l'entablement porté sur ses colonnes
régnait, en guise de toit, un simple cordon de balustres
à jour dont la ligne horizontale se dessinait sur le ciel...
C'était pourtant là le projet qui, après bien des vicissitudes, devait, dans cette lutte, sortir victorieux.

Et Vitet n'est pas le seul dont on puisse invoquer
le témoignage. Des architectes, comme Fontaine,
Vaudoyer, Barbier, avaient feuilleté le recueil et
y avaient même ajouté des notes de leur main[1] :
lequel d'entre eux a soutenu que la Colonnade n'était
pas de Perrault ?

Bref, du jour où les pièces essentielles du procès,
c'est-à-dire les dessins de l'architecte, ont été soumises à la critique, Claude Perrault a eu cause
gagnée.

---

1. *Rapport sur les pertes éprouvées par les bibliothèques publiques
dépendant du ministère de l'instruction publique, soit pendant le siège
de-Paris par les Prussiens, soit pendant la domination de la Commune
révolutionnaire*, par Henri Baudrillart.

Quand naguère M. Hautecœur a repris la controverse (*Gazette des Beaux-Arts*, 1924) il s'est
gardé de prétendre que Perrault fut étranger à l'invention et à la construction de la Colonnade du
Louvre ; il a seulement voulu démontrer que cet
édifice fut l'œuvre commune de Le Vau, Le Brun
et Perrault. « Aucun ne pourra s'en dire l'auteur
particulier au préjudice des autres », avait ordonné
Colbert avec l'espoir d'apaiser les amours-propres
et de décider les concurrents à une véritable collaboration. Selon M. Hautecœur ce fut bien ainsi
que les choses se passèrent, et la Colonnade appartient indivisément aux trois membres du « Conseil
des bâtiments ». Il rappelle aussi les affirmations de
Sauval et de Boileau. « Un érudit consciencieux,
dit-il, et un honnête homme auraient-ils accepté sans
contrôle les doléances de Le Vau ? » A quoi il a déjà
été répondu que si l'érudit était consciencieux, son
réviseur le fut beaucoup moins, et que l'animosité
de Boileau contre les Perrault peut faire suspecter
non sa bonne foi, mais son sang-froid et sa clair-
voyance. Puis le critique énumère les arguments
de l'autre parti, sans insister assez, à notre gré, sur
le fait que, durant deux siècles, l'examen des dessins
de Perrault a suffi à arrêter toute contestation nouvelle. Enfin se refusant à admettre que Dorbay ait
« commis un mensonge » ou que Perrault ait
« escroqué sa gloire », il cherche à établir que Le
Vau, comme Perrault, a pu, de la meilleure foi du

monde, se croire l'auteur de la Colonnade : n'est-ce pas souvent le sort des collaborations ?

A l'appui de sa thèse, il apporte des plans et des documents jusqu'à présent inconnus : ils sont précieux pour l'histoire de la construction du Louvre, ils serviront à en débrouiller une période assez confuse ; mais ils ne nous paraissent rien prouver en faveur de Le Vau[1], et nous continuons de penser que le Louvre est l'œuvre de Perrault, et, pourquoi ne pas le dire? des deux Perrault.

1. On trouvera dans l'appendice VII quelques remarques sur ces documents.

V

# LES PERRAULT ET BOILEAU

## I. — CHARLES PERRAULT
### REVIENT AUX BELLES-LETTRES

Nous savons mal comment Charles Perrault fut amené à abandonner la fonction qu'il exerçait auprès de Colbert. Le roi ordonna qu'on mît les travaux des bâtiments au rabais ; il en résulta que de mauvais ouvriers furent préférés aux bons, les travaux furent désormais mal exécutés, et tout retomba sur le premier commis. D'autre part, Colbert devenait chaque jour plus difficile, plus exigeant ; il souhaitait de faire une place plus large à son quatrième fils qu'il considérait déjà comme son successeur. Bref, un jour Perrault demanda son congé, on le lui donna volontiers. Tel est son récit ; il reste un peu vague, et rien ne permet de le contrôler. Les derniers marchés signés de sa main sont de 1681.

De tous les emplois qu'il avait remplis, un seul lui restait ; il conservait sa place dans la « petite académie ». Louvois devenu tout-puissant la lui retira brutalement.

Charles partagea dès lors les loisirs de sa retraite entre sa famille, sa paroisse et l'Académie.

En 1672, alors qu'il était contrôleur, il avait épousé, à quarante-trois ans, Marie Guichon, fille d'un receveur de rentes, âgée de dix-neuf ans. Comment et pourquoi se fit ce mariage ? c'est lui qui va nous l'apprendre en rapportant une conversation qu'il eut à ce propos avec Colbert.

Lorsque je me mariai, j'allai à M. Colbert lui en demander son agrément. Dès que je lui eus nommé la personne et qui était son père, il me demanda combien on me donnait. Je lui dis qu'on me donnait soixante et dix mille livres. « C'est trop peu, me dit-il, vous pouvez croire que je songe à vous... Je vous trouverai une fille, parmi les gens d'affaires, qui vous apportera une dot bien plus avantageuse. Mais, poursuivit-il, n'est-ce point un mariage par amitié dont vous me parlez? — Je n'ai vu la fille, repris-je, qu'une fois depuis qu'elle est hors de religion, où elle a été mise dès l'âge de quatre ans ; mais je connais le père et la mère il y a plus de dix ans, pour avoir vécu depuis ce temps-là très familièrement ensemble. Je les connais, ils me connaissent, et je suis assuré que je vivrai parfaitement bien avec eux. Voilà, monsieur, la principale raison qui m'y engage. Je serais très fâché de rencontrer un beau-père qui se plaindrait sans cesse que je ne fais rien, qui voudrait que je vous importunasse tous les jours pour me donner le moyen de faire quelque chose. Je ne veux point en venir là. Vous me faites des appointements plus forts que je ne mérite, mais hors de cela, je n'ai aucun profit... Je suis très content que cela aille ainsi ; mais il y a tel beau-père qui ne serait pas content. — Je crois, me dit M. Colbert, que

vous avez raison ; faites votre affaire, et soyez sûr que
j'aurai soin de vous. »

Colbert ne tint pas parole, mais il semble que
Perrault n'eut pas à se repentir d'avoir épousé
Marie Guichon. Elle fut une de ces « mille femmes
de bien » dont il devait parler dans son *Apologie
des femmes*,

Qui vivent en repos, et dont on ne dit rien.

Elle lui donna trois fils et une fille. Charles Perrault se consacra à leur éducation, comme son père,
l'avocat Perrault, s'était donné à l'éducation de ses
enfants ; et, pour divertir la nichée, il lui raconta
*Cendrillon* et *le Petit Poucet*.

En même temps il suivait assidûment les séances
de l'Académie et revenait aux belles-lettres qu'il
avait, depuis vingt ans, négligées pour le service
du roi. Il fit d'abord paraître *le Banquet des
Dieux pour la naissance de Mgr le Duc de Bourgogne* (1682). C'était un petit tableau allégorique
dans sa manière ordinaire, mêlé de prose et de
vers, mais où la prose, comme toujours, valait
mieux que les vers. Peut-être s'aperçut-il que le
genre, si fort en faveur dans sa jeunesse, semblait
maintenant suranné. Les années avait passé. La
vogue n'était plus aux odes à la manière de Mal-
herbe, ni aux galanteries, ni aux allégories. Le

règne de M^me de Maintenon commençait, le roi inclinait à la dévotion, la cour imitait le roi, et les précieux de jadis se mettaient à méditer des poèmes chrétiens. Perrault fit comme les autres.

Parce qu'il avait beaucoup lu la Bible, il se croyait un talent particulier pour la poésie sacrée. Le jour où La Fontaine fut reçu à l'Académie (2 mai 1684), Benserade donna lecture d'un *Miserere* de sa composition et d'une *Epître chrétienne sur la Pénitence* de Charles Perrault. Pauvre La Fontaine ! après un *Miserere* de Benserade, une épître sur la pénitence de Perrault ! On lui faisait payer cher l'honneur d'être de l'Académie française.

Bossuet eut l'imprudence de féliciter Perrault qui, tout de suite, écrivit une *Ode aux nouveaux convertis*. Dix-huit mois plus tard, Perrault dédiait à Bossuet, qui s'était attiré ce redoutable présent, *Saint Paulin*, poème en six chants et en deux mille vers. Bossuet le remercia gravement : « Le poème, lui écrivait-il, est plein de grandes beautés et sera fort estimé des esprits bien faits. »

Perrault, dans l'épître dédicatoire, avoue modestement :

« Quelques-uns de mes amis m'ont dit que ma versification était un peu négligée en quelques endroits et que souvent mes expressions ne sont pas assez vives ni assez relevées. Je n'ai pas trouvé de réponse à cette objection, et je suis demeuré d'accord qu'elle n'était que trop juste et trop véritable. Mais comme je ne prétends pas que mon

CHARLES PERRAULT

Gravé par Edelinck, d'après le portrait de Tortebat.

poème soit sans défauts et que ma principale intention a
été d'exciter, par mon exemple, les maîtres de l'art à
travailler sur des sujets semblables à celui que je me suis
proposé, j'ai cru que les fautes et les faiblesses qui s'y
rencontrent les y engageraient encore davantage en leur
donnant à penser que, si tout faible et imparfait qu'il est,
*il se laisse néanmoins lire (ce qui n'est pas peu considé-
rable pour un poème français)*, de quelle beauté et de
quel agrément ne sera pas un ouvrage de leur façon ! »

Non, hélas ! *Saint Paulin* ne se laisse pas lire :
croyez-en sur parole quelqu'un qui a affronté ces
deux mille vers et n'en serait jamais venu à bout
sans les charmantes vignettes dont chaque chant a
été illustré par Sébastien Le Clerc. En tête de son
poème, Perrault a traduit le passage des *Dialogues*
de saint Grégoire le Grand où est rapportée en prose
l'histoire de saint Paulin, évêque de Nole, qui se fit
esclave chez les Vandales pour racheter le fils d'une
pauvre veuve. Sa traduction rend à merveille la
familière simplicité du récit. Et encore une fois l'on
se répète : pourquoi un si gentil écrivain s'est-il
acharné à rimer tant de platitudes ?

Cette incursion malheureuse dans la poésie chrétienne ne manqua pas de divertir les ennemis de
Perrault : les vers de Saint Paulin devinrent l'objet
des plaisanteries de Racine et de Boileau. Alors
d'anciennes blessures se rouvrirent... A soixante
ans Perrault partit en guerre, se jetant à corps
perdu dans la querelle des Anciens et des Modernes.

Pour le repos de sa vieillesse qu'il eût mieux fait de rimer des *Saint Paulin* et de conter à ses enfants *Cendrillon* et *le Petit Poucet!*

## II. — LES PREMIÈRES ESCARMOUCHES
## DE LA QUERELLE DES ANCIENS ET DES MODERNES

« *Nous n'avons aucune raison pour tenir si grand compte aux anciens de leur antiquité. C'est nous qui sommes les anciens, car le monde est plus vieux aujourd'hui que de leur temps, et nous avons une plus grande expérience.* »

Cette pensée de Descartes, renouvelée de Bacon, est le thème de la querelle des Anciens et des Modernes[1]. Le cartésianisme devait, en bonne logique, conduire au mépris de l'antiquité : faire table rase de tout, c'était nier la tradition littéraire aussi bien que la philosophique. Homère devait subir le même sort qu'Aristote.

---

1. Un critique trop oublié Hippolyte Rigault a tracé de la querelle des Anciens et des Modernes un tableau très complet et très spirituel ; il a, le premier, montré les origines cartésiennes de la controverse. — En 1914, M. Hubert Gillot, depuis professeur à l'Université de Strasbourg, a publié sur le même sujet un ouvrage très considérable ; il a placé le point de départ de la querelle au temps de la Renaissance, et exposé avec une clarté parfaite les idées du public et des théoriciens du xviie siècle. Les indications si précises que contient le livre de M. Gillot, nous ont dispensé de bien des recherches.

Cependant, si la théorie est d'origine cartésienne, ses premiers partisans n'en ont point mesuré
la portée; ils n'ont pas même entrevu les consé-
quences que le siècle suivant devait tirer de la doctrine du progrès indéfini de l'esprit humain. Ni
Desmarets de Saint-Sorlin ni Perrault ni même
Fontenelle ne furent des précurseurs de Condorcet.
Ce sont des littérateurs, rien que des littérateurs ;
pour les besoins de leur cause ils répètent l'argument cartésien, mais qu'on eût étonné Perrault, si
on lui eût dit que l'état et la société seraient un
jour bouleversés en vertu des opinions qu'il soute-
nait contre Boileau ! Pour lui et les autres « moder-
nistes », la grande affaire était de défendre la
gloire de leur temps, disons mieux, de leur génération et, avant tout, de faire pièce à ceux qui,
comme Boileau et Racine, venaient de les sup-
planter dans la faveur du public... et du roi. Il ne
faut pas rabaisser cette querelle au point d'en faire
une simple altercation entre Boileau et Perrault ; il
ne faut pas non plus y voir un premier essai d'idéo-
logie révolutionnaire.

En vérité, jamais dispute ne fut plus oiseuse ; car
si *le* Progrès est un mot creux et redoutable, il est
certain qu'il y a *des* progrès, et, si l'on ne peut
sans puérilité soutenir qu'il suffit de consulter la
chronologie pour classer les chefs-d'œuvre de la
poésie et des beaux-arts, nul ne conteste que le
champ de la recherche scientifique ne s'élargisse

chaque jour, grâce à des hypothèses sans cesse renouvelées. La controverse ne saurait donc être qu'un long malentendu. On en peut dire autant de presque toutes les controverses philosophiques, et c'est là ce qui inspire aux personnes de bon sens une horreur salutaire des idées générales.

Il y eut entre Boileau et Charles Perrault des griefs personnels. A l'origine, il y en eut d'autres, d'ordre littéraire.

Il faut nous reporter aux environs de l'année 1660, au moment où, revenue des folies de la Fronde, la France se rétablit et s'ordonne sous l'autorité de son jeune souverain. Alors le goût public se transforme avec une soudaineté extraordinaire. En 1659, Molière ouvre la route en faisant représenter *les Précieuses ridicules;* Boileau, avec ses premières satires, l'a vite débarrassée des derniers imitateurs de Voiture.

Quelle dut être l'indignation de Charles Perrault lorsque, dans ces satires, il vit ses meilleurs amis voués à la risée publique! C'étaient Chapelain, l'obligeant Chapelain, qui avait introduit Perrault chez Colbert, et fait ainsi la fortune des deux frères; Quinault, l'aimable Quinault dont la maîtresse avait le goût si délicat qu'un madrigal, rimé par Perrault, lui faisait tout accorder à un amant jusqu'alors rebuté; Madeleine de Scudéry, dont Perrault avait célébré la gloire et admiré les romans; l'abbé Cassagne, avec lequel il avait com-

posé tant de devises ingénieuses ; l'abbé Cottin,
dont il trouvait l'éloquence si édifiante, et l'érudition
si enviable ; Charpentier, le « gros Charpentier »,
son confrère à la « petite académie » ; La Mesnar-
dière, avec lequel il avait si joyeusement festoyé ;
l'excellent Pinchesne, qui faisait tant de rondeaux
pour « l'agréable maison de campagne de Viry » ;
et tous ces illustres avec lesquels il était si bon
d'échanger des vers et des compliments à Vaux et
à Saint-Mandé chez Nicolas Fouquet, Gomberville,
La Calprenède, Saint-Amant ! Tous blasonnés et
bafoués par ce nouveau venu qui, dans les meilleures sociétés, récitait ses satires impertinentes et
son *Dialogue des héros de roman*.

En vérité, les injures du satirique n'étaient pas si
atroces que le criaient les victimes. Aujourd'hui,
qu'elles nous semblent bénignes au prix des vio-
lences et des perfidies que, depuis, a inventées
l'animosité des gens de lettres ! Mais ce qui rendait
alors les blessures cuisantes et les haines inex-
piables, c'étaient l'applaudissement et le rire des
spectateurs. Ceux-ci s'amusaient à voir ce révolutionnaire de Despréaux ébranler, avec ses alexandrins massifs et son formidable bon sens, les répu-
tations les plus glorieuses.

Perrault ne pouvait assister sans chagrin à la
déconfiture des auteurs auxquels il avait toujours
donné son estime. Sur les listes de proscription
dressées par Boileau, il retrouvait ceux qu'il avait

le plus admirés et le plus imités. Lui-même n'avait
encore produit que quelques vers et quelques opuscules ; il n'en appartenait pas moins à cette littérature de la Régence, objet des mépris de Boileau.

Cependant Perrault ne souffle mot : il est alors
contrôleur des bâtiments et cet emploi écrasant ne
lui laisse guère le loisir de se mêler aux disputes
littéraires. D'ailleurs son nom n'a pas été prononcé
dans les *Satires*. On se demande les raisons de ce
silence surprenant : Boileau ne peut goûter ni les
poèmes burlesques, ni les préciosités galantes ni les
vers négligés de Perrault. Il n'est pas arrêté par la
crainte de mécontenter Colbert, lui qui poursuit
Chapelain de ses brocards. Peut-être juge-t-il négli-
geable un poète devenu commis et à qui ses fonc-
tions interdisent désormais tout commerce avec les
Muses.

La grande bataille ne s'engagera que bien plus
tard, en 1687, mais elle a été précédée de quelques
escarmouches qu'il faut connaître pour comprendre
l'inimitié qui de longue date animait les deux
auteurs.

Pour les mêmes raisons qui le rendaient odieux
aux Perrault, Boileau devait tenir en aversion cette
famille qui cultivait le genre burlesque, le « burlesque effronté », et était liée d'amitié avec Chapelain et Quinault, ses ennemis. Il savait aussi
que, quand Chapelain avait intrigué auprès de
Colbert pour qu'on retirât à l'imprimeur le privi-

vilège des *Satires*, Charles Perrault s'était mis de la partie. Ce fut cependant Claude qui reçut les premiers coups.

S'il faut en croire Boileau, Claude s'était déchaîné dans le monde contre lui, jusqu'à prétendre que ce vers

> Midas, le roi Midas, a des oreilles d'âne

était une allusion à Louis XIV! C'était grave assurément, mais voici quelque chose qui l'était encore bien davantage : par deux fois, Boileau malade avait reçu des soins de Claude Perrault. Lui-même l'a conté :

Il est vrai que, lorsque j'étais encore tout jeune, étant tombé malade d'une fièvre assez peu dangereuse, une de mes parentes chez qui je logeais et dont il était médecin, me l'amena, et qu'il fut appelé deux ou trois fois en consultation par le médecin qui avait soin de moi. Depuis, c'est-à-dire trois ans après, cette même parente me l'amena une seconde fois et me força de le consulter sur une difficulté de respirer que j'avais et que j'ai encore : il me tâta le pouls et me trouva de la fièvre que sûrement je n'avais pas. Cependant il me conseilla de me faire saigner du pied, remède assez bizarre pour l'asthme dont j'étais menacé. Je fus toutefois assez fou pour faire son ordonnance dès le soir même. Ce qui arriva de cela, c'est que ma difficulté de respirer ne diminua point, et que, le lendemain, ayant marché mal à propos, le pied m'enfla de telle sorte que je fus trois semaines dans le lit[1].

---

1. *Réflexions critiques sur quelques passages du rhéteur Longin.* — *Réflexion première.*

Voilà pourquoi l'on put lire au début du quatrième chant de *l'Art poétique* ces vers injurieux :

Dans Florence jadis vivait un médecin,
Savant hâbleur, dit-on, et célèbre assassin.
Lui seul y fit longtemps la publique misère :
Là le fils orphelin lui redemande un père ;
Ici le frère pleure un frère empoisonné :
L'un meurt vide de sang, l'autre plein de séné ;
Le rhume à son aspect se change en pleurésie,
Et par lui la migraine est bientôt frénésie.

Mais un jour ce médecin, ayant quitté Florence, se découvre pour l'architecture des aptitudes que nul ne soupçonnait.

Notre assassin renonce à son art inhumain,
Et désormais, la règle et l'équerre à la main,
Laissant de Galien la science suspecte,
De méchant médecin devient bon architecte.

Le « méchant médecin », bien que qualifié de « bon architecte », se courrouça et rima une fable : *le Corbeau guéri par la Cigogne* ou *l'Ingrat parfait*.

Le corbeau, c'est Boileau ; la cigogne, « paisible et sage », Claude Perrault. Par deux fois la cigogne a débarrassé le corbeau d'un os arrêté dans son gosier. Un jour, elle bâtit un nid merveilleux qui fait l'admiration de tous les oiseaux :

> Voilà le chef-d'œuvre parfait
> Et du compas et de la règle ;
> Voilà, disaient-ils, en effet,
> La digne demeure d'un aigle.

(C'est du Louvre, on l'entend, qu'il s'agit.) Mais le corbeau n'en déclare pas moins que la cigogne ferait bien d'abandonner la médecine. On devine la moralité de l'apologue :

> Mais quoi ? tel est l'ingrat parfait.
> D'un outrage il paie un bienfait.

Boileau répliqua par une épigramme où, feignant de se rétracter, il disait à Claude Perrault :

> Vous êtes, je l'avoue, ignorant médecin,
> Mais non pas habile architecte.

Le souvenir d'une saignée inopportune avait mal inspiré Boileau.

Dans cet échange d'aménités il n'avait été question ni des anciens ni des modernes ; mais, la même année, Charles Perrault fit, pour la première fois, allusion à la grande querelle qui commençait d'agiter les esprits.

La guerre avait été allumée, quelques années auparavant, par Desmarets de Saint-Sorlin, personnage d'une outrecuidante vanité et d'un génie incertain qui fut un des originaux de son siècle.

D'abord libertin, il se convertit et mit au service
de sa foi nouvelle son flair de délateur et ses talents
de policier ; il fit ainsi brûler un pauvre diable d'il-
luminé et emprisonner M. de Sacy et M. Fontaine, car il nourrissait contre Port-Royal une haine
inexpiable. Il soutint, après sa conversion, que le
christianisme était plus riche que le paganisme en
véritable poésie ; puis l'admiration de l'Écriture
sainte le conduisit au mépris de l'antiquité grecque
et latine.

Malheureusement cet idéologue n'était pas désintéressé. Il était l'auteur d'un poème de *Clovis*
que Boileau jugeait détestable. Poète rancuneux,
mêlant les idées cartésiennes à ses propres rêveries,
il composa un *Traité pour juger les poètes grecs,
latins et français*. Il y affirmait la supériorité de
la langue française sur les langues anciennes et
attribuait à la jalousie qu'inspirent les auteurs
vivants, le respect superstitieux qu'on affiche pour
les morts :

« Bien que l'antiquité soit vénérable pour avoir défriché
les esprits aussi bien que la terre, elle n'est pas si heureuse, ni si riche, ni si savante, ni si pompeuse que les
derniers temps qui sont véritablement la vieillesse con-
sommée, la maturité et comme l'automne du monde,
ayant les fruits, les richesses et les dépouilles de tous les
siècles passés, et le pouvoir de juger et de profiter de
toutes les inventions, de toutes les expériences et de
toutes les fautes des autres, au lieu que l'antiquité n'est

que la jeunesse et la rusticité du temps, et comme le printemps des siècles, qui n'a que quelques fleurs... Et qui voudrait comparer le printemps du monde avec notre automne ? C'est comme qui voudrait comparer les premières maisons des hommes avec les somptueux palais de nos rois [1]. »

C'est dans les écrits de Desmarets que Perrault ira puiser ses arguments et quelques-uns de ses exemples. Il mènera la campagne avec plus d'art et de mesure ; il écrira d'un style plus pur, plus dépouillé, mais moins coloré. Desmarets a donné le plan de bataille et réuni le matériel de combat.

Perrault ne s'aventura dans la querelle qu'avec toutes sortes de précautions, et sous le voile de l'anonymat. Il prit la défense de son ami Quinault [2] contre une cabale qui l'accusait d'avoir, dans son opéra d'*Alceste,* défiguré la tragédie d'Euripide, vanta les beautés ajoutées par le poète français à l'ouvrage grec, et hasarda une profession de foi, encore timide, sur la supériorité des modernes. Il n'était pas « extrêmement persuadé » de leur *divinité ;* mais il ajoutait :

« Je veux bien avouer si vous le voulez que les auteurs anciens ont plus de génie que ceux de ce temps-ci pour la description des choses de la nature, des sentiments du

-1. *Traité pour juger des poètes grecs, latins et français* (1670).
2. Appendice VIII.

cœur de l'homme et pour ce qui regarde l'expression.
Mais, comme dans les ouvrages de l'esprit, il y a d'autres
choses encore à observer, comme la bienséance, l'ordre,
l'économie, la distribution et l'arrangement de toutes les
parties, ce qui demande une infinité de préceptes qui ne
peuvent être trouvés que par une longue suite d'expériences, de réflexions et de remarques, *il se pourrait faire
que les derniers siècles ont de l'avantage en ces sortes de
choses* parce qu'ils ont profité du travail et de l'étude de
ceux qui les ont précédés[1]... »

Ces propos prudents ne respiraient pas la bataille.
Néanmoins Racine crut devoir répondre à l'ami trop
zélé de Quinault.

C'était pour lui une belle occasion de « venger la
mémoire » d'Euripide, de payer sa dette à la
poésie grecque, de désobliger Quinault dont les
succès l'importunaient, et de donner une preuve
d'amitié à Boileau ; puis dès maintenant nous connaissons assez les idées et l'esprit des Perrault pour
être sûrs que Racine ne pouvait les goûter. Quinze
ans auparavant, quand il composait sa première
ode, *La Nymphe de la Seine*, il acceptait volontiers
les conseils et les encouragements de Charles Perrault ; mais, lorsque celui-ci publia son ode pour *la*

---

1. *Critique de l'Opéra ou Examen de la tragédie intitulée Alceste ou
le Triomphe d'Alcide* (1674). On a parfois attribué cet opuscule à
Pierre ou à Claude Perrault ; mais il est bien dans la manière de
Charles. En outre, publié d'abord chez Claude Barbin sans nom
d'auteur, il a été, l'année suivante, réimprimé dans le *Recueil de divers
ouvrages en prose et en vers de M. Perrault de l'Académie française*.

*Naissance du Dauphin*, Racine écrivait à l'abbé Le Vasseur que cette ode « avait été taillée comme à coups de marteau par un homme qui n'avait jamais fait que de méchants vers », et il faisait plus loin cette malicieuse observation : « Je vous dirai pourtant qu'il y a un moment où j'ai reconnu M. Perrault, c'est lorsqu'il parle de Josüé et qu'il amène l'Écriture Sainte. Je lui dis une fois qu'il mettait trop la Bible en jeu dans ses poèmes ; mais il me dit qu'il la lisait fort et qu'il ne pouvait s'empêcher d'en insérer quelque passage. Pour moi, je crus que la lecture en était fort bonne, mais que la citation était mieux séante à un prédicateur qu'à un poète[1]. »

Ce fut dans la préface d'*Iphigénie* qu'en quelques lignes solidement assénées, Racine prit la défense d'Euripide contre les ignorants qui se permettent de juger un auteur d'après des traductions fautives. Ayant relevé trois bévues de cette sorte, il concluait par cette citation de Quintilien : « Il faut être extrêmement circonspect et très retenu à prononcer sur les ouvrages de ces grands hommes de peur qu'il ne nous arrive, comme à plusieurs, de condamner ce que nous n'entendons pas, et s'il faut tomber dans quelque excès, mieux vaut-il encore pécher en admirant tout dans leurs écrits qu'en y blâmant beaucoup de choses. »

---

1. Racine à l'abbé Le Vasseur, 28 mars 1662.

Perrault ne se tint pas pour battu et répliqua dans une *Lettre à M. Charpentier sur la préface de l'Iphigénie de M. Racine*[1]. Il plaida de son mieux et décocha à Racine cette ironie assez mordante : « Nous avons aujourd'hui des auteurs que j'estime autant que les anciens ; tel est M. Racine et *cinq ou six autres encore avec lui, s'il lui plaît.* » Mais, du premier coup, Racine avait trouvé l'irréfutable argument que Boileau répétera à satiété : on ne se mêle pas de juger des poètes dont on ne sait pas la langue.

Il est probable que Colbert fit entendre à son commis que son métier était de contrôler les bâtiments du roi, non de disserter sur Euripide et l'Opéra. C'est pourquoi lorsque, peu de temps avant de mourir, Desmarets de Saint-Sorlin lui adressa un appel pathétique,

Viens défendre, Perrault, la France qui t'appelle ;
Viens combattre avec moi cette troupe rebelle,
Ce ramas d'ennemis qui, faibles et mutins,
Préfèrent à nos chants les ouvrages latins,

Perrault resta sous sa tente.

Un même amour de la modernité enflammait les trois frères. Trois ans après ce fut le tour de Pierre Perrault qui entreprit de malmener les

---

1. Cette lettre a été, pour la première fois, signalée par M. Paul Bonnefon dans la *Revue d'histoire littéraire* (juillet-septembre 1904).

Anciens : nous avons déjà cité un passage de sa préface à la traduction de Tassoni, qui donne une piètre idée de ses talents littéraires. Bien qu'il eût dit leur fait aux « auteurs satiriques », aux « jaloux et envieux misanthropes », ni Racine ni Boileau ne bronchèrent. Ils jugèrent sans doute superflu de croiser le fer avec cet adversaire de peu d'importance.

De part et d'autre on se tut pendant neuf années. Boileau avait été nommé historiographe du roi, et il était, selon ses propres expressions, « engagé dans le glorieux emploi qui l'a retiré de la poésie », il semblait avoir posé les armes. Pierre Perrault venait de mourir, Claude était retourné à ses expériences et à ses dissections ; mais Charles avait sur le cœur les railleries dont certaines personnes avaient criblé son *Saint Paulin*; puis, bien qu'il vécût dans la retraite, il ne se désintéressait pas de la querelle soulevée par Desmarets : pour lui, la supériorité des Modernes était devenue un dogme de famille. Dans ses jolis *Dialogues des morts*, Fontenelle venait d'effleurer le sujet en homme qui avait son idée faite, mais souhaitait ne point la livrer encore toute crue. Perrault pressentit que ce jeune homme qui avait déjà eu maille à partir avec Racine et Boileau, lui serait un allié précieux... Et ce fut la fin de la trêve.

### III. — LA SÉANCE DU 27 JANVIER 1687
### A L'ACADÉMIE FRANÇAISE

Le 27 janvier 1687, l'Académie française s'assembla « pour marquer publiquement sa joie de la parfaite guérison du roi » : Louis XIV venait d'être opéré de la fistule. Après le *Te Deum*, des académiciens prononcèrent des harangues et récitèrent des vers ; enfin l'abbé de Lavau lut un poème de Charles Perrault : *le Siècle de Louis le Grand.*

La belle antiquité fut toujours vénérable ;
Mais je ne crus jamais qu'elle fut adorable.
Je vois les anciens, sans plier les genoux ;
Ils sont grands, il est vrai, mais hommes comme nous ;
Et l'on peut comparer, sans craindre d'être injuste,
Le siècle de Louis au beau siècle d'Auguste.

Ces six premiers vers, d'une frappe assez ferme, annoncent le dessein de l'auteur. Toute l'assistance prête l'oreille. Pour la première fois, la grande querelle est portée devant l'Académie.

Voici que Perrault fait comparaître les écrivains de l'antiquité. C'est à Platon d'abord qu'il dit son fait.

Platon, qui fut divin du temps de nos aïeux,
Commence à devenir quelquefois ennuyeux :
En vain son traducteur, partisan de l'antique,
En conserve la grâce et tout le sel attique,
Du lecteur le plus âpre et le plus résolu,
Un dialogue entier ne saurait être lu.

Alors Boileau qui, depuis le commencement, s'agite sur son siège, fronce le sourcil ; une ride lui barre le front ; les plis du nez et de la bouche se creusent sur sa face décharnée ; il se met à grommeler.

Perrault passe à Aristote. Boileau se contient ; lui-même a plus d'une fois parlé d'Aristote avec irrévérence. Et il cesse de grogner, tandis que les amis de Perrault accueillent avec faveur quelques vers élégants sur les découvertes des savants modernes :

De quel nombre d'objets, d'une grandeur immense,
S'est accrue en nos jours l'humaine connaissance !
Dans l'enclos incertain de ce vaste univers,
Mille mondes nouveaux ont été découverts,
Et de nouveaux soleils, quand la nuit tend ses voiles,
Égalent désormais le nombre des étoiles.

Perrault célèbre l'éloquence des orateurs modernes qui, selon lui, seraient comparables à Démosthène et à Cicéron, si, au lieu d'en être réduits à défendre des intérêts particuliers, ils pouvaient traiter des affaires publiques. Enfin il en vient

aux poètes. Ah! si Homère, « père de tous les arts »
et à qui les artistes empruntent les sujets de leurs
« doctes peintures », avait eu la bonne fortune de
vivre au siècle de Louis le Grand!

Cependant si le ciel, favorable à la France,
Au siècle où nous vivons eût remis ta naissance,
Cent défauts qu'on impute au siècle où tu naquis,
Ne profaneraient pas tes ouvrages exquis.
Tes superbes guerriers, prodiges de vaillance,
Prêts à s'entre-percer du long fer de leur lance,
N'auraient pas si longtemps tenu le bras levé,
Et, lorsque le combat devrait être achevé,
Ennuyé les lecteurs d'une longue préface
Sur les faits éclatants des héros de leur race.

. . . . . . . . . . . . . . . . .

Ton génie abondant en ses descriptions
Ne t'aurait pas permis tant de digressions,
Et, modérant l'excès de tes allégories,
Eût encor retranché cent doctes rêveries
Où ton esprit s'égare et prend de tels essors,
Qu'Horace te fait grâce en disant que tu dors.

Cette fois Boileau laisse éclater son courroux. De
sa voix haletante et éternellement enrhumée, il
lance des interjections. Sa colère redouble lorsque
Perrault glorifie les poètes de son siècle.

Donc, quel haut rang d'honneur ne devront point tenir
Dans les fastes sacrés des siècles à venir,
Les Régniers, les Mainards, les Gombauds, les Malherbes,
Les Godeaux, les Racans, dont les écrits superbes,

En sortant de leur veine, et dès qu'ils furent nés,
D'un laurier immortel se virent couronnés!
Combien seront chéris par les races futures,
Les galans Sarrazins, et les tendres Voitures,
Les Molières naïfs, les Rotrous, les Tristans,
Et cent autres encor délices de leur tems !

« Délices de leur temps » ! Boileau n'y tient plus ; il ne peut entendre sans un sursaut cette liste d'illustrations où sont nommés tant de poètes qu'il a exterminés, et où Perrault a glissé, comme à regret, le nom du « naïf » Molière; il se lève, il se démène, il force la voix au risque de s'écorcher le larynx, il crie qu'une telle lecture est une honte pour l'Académie, que la Compagnie ne doit pas l'écouter plus longtemps. Son voisin, Huet, le savant évêque d'Avranches, l'invite à se taire : « Nous sommes là, lui dit-il, pour écouter; s'il s'agit de défendre les anciens, cela me regarde; est-ce que je ne les connais pas aussi bien que personne? »

Boileau se rassied au milieu de la désapprobation générale. Perrault continue de faire l'apothéose de son siècle. Il en a maintenant fini avec la littérature, il s'occupe des beaux-arts, et c'est un sujet qui n'émeut guère Boileau. Il immole toute la peinture antique et même celle de la Renaissance à la gloire de Le Brun. Il oppose aux sculpteurs de l'antiquité Girardon, Tuby, Desjardins. Il décrit les parterres, les bosquets, les eaux de Versailles, et raille les jardins d'Alcinoüs qu'il compare aux petits clos de la banlieue parisienne. Et qu'est-ce que la musique des Grecs, au prix d'un opéra de Lulli ?

Certains prétendent que la nature épuisée ne saurait enfanter des hommes pareils à ceux de l'antiquité ; il leur répond par ces vers, peut-être les meilleurs de son poème :

A former les esprits comme à former les corps,
La nature en tout temps fait les mêmes efforts ;
Son être est immuable ; et cette force aisée
Dont elle produit tout, ne s'est point épuisée :
Jamais l'astre du jour, qu'aujourd'hui nous voyons,
N'eut le front couronné de plus brillants rayons ;
Jamais dans le printemps les roses empourprées
D'un plus vif incarnat ne furent colorées ;
Non moins blanc qu'autrefois brille dans nos jardins
L'éblouissant émail des lys et des jasmins,
Et dans le siècle d'or la tendre Philomèle,
Qui charmait nos aïeux de sa chanson nouvelle.
N'avait rien de plus doux que celle dont la voix
Réveille les échos qui dorment dans nos bois.
De cette même main les forces infinies
Produisent en tout temps de semblables génies.

Et le tableau du siècle s'achève, comme il convient, par l'éloge de Louis XIV.

La plupart des académiciens saluent ce poème par de vifs applaudissements, car, parmi eux, en 1687, les partisans de Perrault sont plus nombreux

que ceux de Boileau. Ce dernier ne fait partie de
l'Académie que depuis quatre ans, et les portes lui
seraient peut-être restées fermées sans la volonté
déclarée du roi.

Tandis que Boileau se retire furieux, Racine
s'approche en souriant de Perrault occupé à écouter les compliments que ses amis lui prodiguent : il
tient à le féliciter, lui aussi, de cet aimable jeu,
car il sait bien qu'un homme d'esprit comme Perrault pense tout le contraire de ce qu'il a avancé
dans ses vers. L'autre, un peu interloqué, se jure de
le répéter en prose, et si sérieusement qu'il fera
repentir Racine de sa méchante ironie.

Enfoncé dans son fauteuil, la perruque un peu
de travers, Jean de La Fontaine paraît n'avoir rien
entendu des blasphèmes de Perrault ; mais quand il
sort de sa rêverie, il prend congé de M. Huet, en
lui promettant de lui envoyer dans quelques jours
un livre dont l'évêque s'est montré curieux : la traduction de Quintilien par Orazio Toscanella. Il
tiendra parole : il adressera à Huet l'ouvrage de
Toscanella et y joindra cette épître admirable où,
avec tant de grâce et de tendresse, il venge les
poètes anciens des attaques de Perrault :

Térence est dans mes mains, je m'instruis dans Horace,
Homère et son rival sont mes dieux du Parnasse.

. . . . . . . . . . . . . . . . . . . . .

Quand notre siècle aurait ses savants et ses sages,

En trouverai-je un seul approchant de Platon ?
La Grèce en fourmillait dans son moindre canton.

Il se souvenait sans doute que lui-même avait, trois ans auparavant, écrit sur Platon quelques pages où il semblait, d'avance, réfuter les hargneries de Perrault : « Laissons-nous, disait-il, entraîner à notre plaisir, et ne cherchons pas matière de critiquer ; c'est une chose trop aisée à faire. Il y a bien plus de gloire à Platon d'avoir trouvé le secret de plaire dans les endroits mêmes qu'on reprendra, *mais on ne les reprendra point si on les transporte en son siècle*[1]. » Après La Fontaine, il ne restait rien à dire sur la querelle des anciens et des modernes.

## IV. — LE « PARALLÈLE DES ANCIENS ET DES MODERNES »

Boileau se déchaîne contre l'Académie, coupable d'avoir approuvé les impertinences de Perrault. Première épigramme où il traite de *Topinambous* ceux qui ont toléré une pareille « infamie ». Comme il juge plaisant ce mot de *Topinambou*, il y revient :

---

1. *Avertissement mis au-devant du recueil qui a pour titre : Ouvrages de prose et de poésie des Sieurs Maucroix et de La Fontaine* (1685). Ed. Henri Régnier, t. VIII, p. 337.

> J'ai traité de Topinambous
> Tous ces beaux censeurs, je l'avoue,
> Qui de l'antiquité si follement jaloux,
> Aiment tout ce qu'on hait, blâment tout ce qu'on loue :
> Et l'Académie entre nous
> Souffrant chez soi de si grands fous
> Me semble un peu Topinamboue.

Il voudrait qu'on donnât pour emblème à l'Académie une troupe de singes se mirant dans une fontaine avec cette devise : *Sibi pulchri*, charmants pour eux seuls. Dacier, Ménage, le solennel Longepierre viennent à la rescousse, tandis que Callière, diplomate de profession, tâche de mettre tout le monde d'accord.

Les *Topinambous* formaient une armée nombreuse et compacte. Aux vieux ennemis de Boileau se joignaient des écrivains plus jeunes que le goût de la nouveauté jetait dans l'opposition. En 1660, Boileau avait fait une révolution ; c'était lui maintenant qui devait tenir tête à l'émeute. Peu de temps après la mémorable séance, Fontenelle publiait sa *Digression sur les anciens et les modernes* : il y renouvelait la thèse de Desmarets, mais avec plus d'élégance et de souplesse. Perrault lui-même récidivait ; il lisait à l'Académie une *Epître sur le génie* dédiée à Fontenelle. Un peu épouvanté du tapage qu'il avait soulevé, il concédait, il atténuait, mais refusait de jeter les armes. En effet, il commençait bientôt la publication de son *Parallèle des anciens et des modernes ;* il entendait prouver à ce pince-sans-rire de Racine que le *Poème du siècle de Louis le Grand* n'était pas un jeu d'esprit.

Cette démonstration occupa quatre volumes, dont le premier parut en 1688 et le dernier en 1697.

C'est une suite de dialogues dont voici les personnages : *l'Abbé*, porte-parole de Perrault, et que celui-ci présente comme « un homme savant, mais plus riche de ses propres idées que de celles des autres »; *le Président,* défenseur obstiné des anciens qui, comme dans ces prédications alternées où un compère fait l'avocat du diable, pose fortement les objections et les soutient mollement afin de permettre à l'adversaire des réfutations éblouissantes ; *le Chevalier,* bel esprit qui appuie de quelques remarques plaisantes les arguments sérieux de l'abbé : c'est son Tabarin, dira Boileau; mais Perrault jure ses grands dieux qu'il ne prend pas à son compte les paradoxes scandaleux de cet homme du monde.

Voici le scénario : par un beau jour de printemps, l'Abbé, le Président et le Chevalier font partie d'aller visiter toutes les merveilles de Versailles. C'est au cours de leur promenade qu'ils échangent leurs opinions sur les anciens et les modernes. Nul théâtre ne pouvait mieux que Versailles convenir à une apologie du siècle [1].

1. Appendice IX.

Les promeneurs sont encore dans les rues de la ville que la controverse s'engage. Le Président n'est pas venu depuis vingt ans à Versailles ; l'Abbé lui envie le plaisir qu'il va trouver à contempler « tant de beautés nouvelles » ; mais le Président déclare tout de suite : « Je doute que jamais Versailles vaille Tivoli et Frascati... »

L'Abbé. — J'admire votre prévention. Il y a plus de vingt ans que vous n'avez été à Versailles, et vous prononcez hardiment en faveur des belles maisons d'Italie ; attendez que vous l'ayez vu. Mais j'ai tort. Quoique Versailles renferme seule plus de beautés que cinquante Tivoli et autant de Frascati mis ensemble, il perdra toujours sa cause dans votre esprit.

Le Président. — Pourquoi m'estimez-vous si injuste ?

L'Abbé. — C'est que je connais votre passion démesurée pour tout ce qui est étranger et éloigné, car vous êtes parfaitement Français de ce côté-là.

Le Président. — Il est vrai que notre nation a toujours été accusée d'aimer les étrangers jusqu'à la manie.

L'Abbé. — Ce n'est pas encore tant l'amour des étrangers qui vous rend injuste que l'amour des anciens.

Le Président. — Comment, l'amour des anciens ?

L'Abbé. — Oui, l'amour des anciens. Quand vous avez vu Tivoli, ce n'a point été la beauté de ses fontaines, de ses cascades, de ses statues et de ses peintures qui vous a charmé, c'est la seule pensée que Mœcenas s'y était promené plusieurs fois avec Auguste. Vous vous êtes imaginé les voir ensemble dans les mêmes endroits où vous vous reposiez, vous y avez joint Horace qui leur récitait quelqu'une de ses odes, et peut-être vous êtes-vous récité cette ode, pour vous représenter mieux ce que vous étiez

bien aise de vous imaginer ; toutes ces idées agréables se
sont jointes à celles des jardins et des fontaines, et comme
elles se sont formées en même temps dans votre esprit,
elles n'y reviennent jamais l'une sans l'autre, de sorte
que c'est bien moins Tivoli que vous aimez que le souvenir de Mœcenas, d'Auguste et d'Horace. La même
chose est arrivée à Frascati ; vous y avez vu Cicéron au
milieu de ses amis, agitant ces questions savantes dont la
lecture fait encore aujourd'hui nos délices, et je suis sûr
qu'à votre égard l'éloquence de Cicéron entre pour une
plus grande part dans la beauté de Frascati que tous ses
jets d'eau et toutes ses cascades...

Voilà une jolie entrée en matière.

Dans la suite de ce premier dialogue, l'Abbé
s'efforce de montrer au Président quelle place tient
la prévention dans son jugement sur les anciens ;
prévention éternelle, car dans l'antiquité même il
se trouvait déjà des gens pour la reprocher à leurs
contemporains ; prévention dont furent victimes
les plus beaux génies de tous les temps : Michel-
Ange avait enterré quelques morceaux de sculpture
dont il était l'auteur, et lorsqu'ils furent découverts,
il entendit les connaisseurs se disputer pour savoir
si ces débris étaient de Polyclète ou de Phidias ;
prévention qui fausse toutes nos opinions sur les
auteurs grecs et latins, car elle nous fait prendre
leurs faiblesses pour des « fautes heureuses » ou de
« belles hardiesses », et nous empêche de reconnaître que l'Anthologie est fade, Platon ennuyeux,
Pindare inintelligible.

Je ne puis qu'indiquer les thèmes de la controverse.

« Le goût, dit l'Abbé, c'est de juger par soi-même et de ne pas se conformer aux goûts des autres. » — Théorie dangereuse, répond le Président : elle encourage les jeunes gens « à quitter les bons livres et l'imitation des bons modèles pour s'abandonner à leurs rêveries, afin de devenir par là des originaux singuliers et inimitables ». — Cette tentation, réplique l'Abbé, ne viendra qu'aux « hommes sans génie ».

Puis l'idée cartésienne : les anciens étaient des enfants ; les modernes ajoutent aux trésors du passé leurs expériences et « de nouvelles acquisitions ». — A quoi le Président objecte : « Alors les hommes des neuvième et dixième siècles auraient été plus habiles que tous ceux de l'antiquité ! » Mais l'Abbé a réponse à tout : il y a, dit-il, des époques troublées où les sciences et les arts s'évanouissent pour un temps et font place à l'ignorance et à la barbarie ; « il ne suffit pas qu'un siècle soit postérieur à un autre pour être plus excellent, il faut qu'il soit dans la prospérité et dans le calme, ou, s'il y a quelque guerre, qu'elle se fasse au dehors ». — Système étrange qui, après avoir établi que le progrès des arts et des lettres est une loi de nature, le subordonne ensuite à tous les hasards de l'histoire !

L'Abbé triomphe en énumérant les découvertes de la science moderne. — Cependant les anciens ont, eux aussi, beaucoup inventé. — Sans doute, mais qu'est-ce que l'invention? le plus souvent les hommes n'ont fait qu'imiter les animaux, ils ont appris des castors à se bâtir des maisons, des araignées à tisser les étoffes, des loups et des renards à chasser. Que sont ces inventions primitives auprès des délicates machines imaginées par les modernes? — Mais beaucoup des inventions de l'antiquité se sont perdues. — C'est qu'elles étaient de pures fables, ou bien qu'elles avaient cessé de répondre à nos besoins.

Et l'Abbé, c'est-à-dire Perrault, prend corps à corps ceux de ces adversaires qui reprochent aux partisans des modernes d'être *des gens sans goût et sans autorité*. Le *goût*, assure-t-il, est chose trop variable pour qu'on ne puisse pas rétorquer un pareil argument. Quant à l'autorité, la riposte est vive, d'une langue rapide et ferme.

L'Abbé. — D'où vient-on pour s'imaginer qu'un homme, quel qu'il soit, doive aujourd'hui en être cru sur sa parole? Il y a longtemps qu'on ne se paye plus de cette sorte d'autorité, et que la raison est la seule monnaie qui ait cours dans le commerce des arts et des sciences. L'autorité n'a de force présentement et n'en doit avoir que dans la théologie et la jurisprudence. Quand Dieu parle dans les saintes Écritures, ou par la bouche de son Église, il faut baisser la tête et se soumettre. Quand le prince donne ses lois, il faut obéir et révérer l'autorité dont elles partent comme une portion de celle de Dieu même. Partout ailleurs la raison peut agir en souveraine et user

de ses droits. Quoi donc, il nous sera défendu de porter
notre jugement sur les ouvrages d'Homère et de Virgile,
de Démosthène et de Cicéron, et d'en juger comme il
nous plaira, parce que d'autres avant nous en ont jugé à
leur fantaisie? Rien au monde n'est plus déraisonnable.

« Rien n'est plus raisonnable », affirme le Président qui en appelle au « suffrage des siècles ».
L'Abbé reprend :

Autrefois il suffisait de citer Aristote pour fermer la
bouche à quiconque aurait osé soutenir une proposition
contraire aux sentiments de ce philosophe... Les choses
ont bien changé de face. L'orgueilleux désir de paraître
savant par des citations a fait place au désir sage de l'être
en effet par la connaissance immédiate des ouvrages de
la nature. On a étudié la nature même pour la connaître,
et comme si elle eût été bien aise qu'on fût revenu à elle
après l'avoir quittée et négligée si longtemps pour
écouter ceux qui en parlaient sans l'avoir bien connue,
il n'est pas croyable quel plaisir elle a pris à se communiquer à ceux qui l'ont recherchée et qui lui ont donné
tous leurs soins ; elle leur a ouvert mille trésors et révélé
un nombre infini de mystères qu'elle avait tenus cachés
aux plus sages des anciens...

Il s'emporte contre les esprits rétrogrades qui
nient la circulation du sang ou méconnaissent les
découvertes de Copernic et de Galilée, de peur
d'avouer « qu'on en sait plus que les anciens ».

Jusqu'ici Perrault s'est exprimé en bon disciple
de Descartes. Sa théorie de l'infinie perfectibilité
de l'esprit humain semble s'édifier sur les ruines de

l'autorité, mais, encore une fois, il ne faut pas prendre Perrault pour un philosophe. Tout à coup, dans son enthousiasme, il s'imagine que son siècle a atteint la perfection, il prévoit le déclin des siècles à venir, et, du coup, la doctrine du progrès continu s'écroule !

Je me réjouis de voir mon siècle parvenu en quelque sorte au sommet de la perfection. Comme depuis quelques années, le progrès marche d'un pas beaucoup plus lent et paraît presque imperceptible, de même que les jours semblent ne croître plus lorsqu'ils approchent du solstice, *j'ai encore la joie de penser que vraisemblablement nous n'avons pas beaucoup de choses à envier à ceux qui viendront après nous.*

Et l'apologie de la raison se termine par une sortie contre les régents de collège, les pédants et les littérateurs envieux qui « donnent toute sorte de louanges aux anciens pour se dispenser d'en donner aux modernes », ce qui est le refrain ordinaire des gens de lettres en bisbille.

Ce premier dialogue où se mêlaient des idées justes, d'autres qui l'étaient moins, d'autres enfin qui ne l'étaient pas du tout, ne manquait ni de verve ni d'agrément. La forme en était souple, facile, sans éclat ni mordant, mais solide comme de la bonne prose du XVIIe siècle, et souvent alerte comme de la jolie prose du XVIII[o]. Pour son malheur, Perrault était consciencieux : il entreprit de pousser sa démonstration jusqu'au bout et d'examiner lesquels des anciens ou des modernes l'emportaient dans l'architecture, la sculpture, la peinture, l'histoire, la philosophie, l'éloquence, la poésie, le théâtre, les sciences mathématiques, physiques et naturelles. Cet interminable parallèle est un peu fastidieux, malgré les lazzis du chevalier.

Une idée y domine tout : les derniers venus surpassent toujours leurs devanciers.

Lorsqu'il classe les œuvres d'art, Perrault ne tient compte ni du sentiment ni de la sensation qu'elles éveillent, mais seulement des nouveautés techniques dont elles portent la marque. L'idée gouverne toujours son plaisir. Il fuit la délectation pour ne pas risquer d'être infidèle à sa doctrine.

Ancien contrôleur des bâtiments du roi il avait beaucoup fréquenté les artistes, il avait été associé aux grands travaux de son frère l'architecte, et quand il traitait des beaux-arts, il n'était pas sans autorité. Aussi l'Abbé a-t-il bientôt fait d'exterminer le Président. Son contradicteur lui fait observer que, si les bons morceaux d'architecture qu'ils ont sous les yeux à Versailles, sont recommandables, « ce n'est que pour avoir été bien copiés sur les bâtiments de l'antiquité et que, quelque beaux qu'ils soient, ils le sont encore moins que ces bâtiments qui leur ont servi de modèles ». — La louange d'un architecte, répond l'Abbé, n'est pas d'employer des colonnes, des pilastres et des corniches, mais de les placer avec jugement et d'en composer de beaux édifices... Le véritable mérite d'un architecte est de savoir faire, en observant les ordres d'architecture, des bâtiments qui soient tout ensemble solides, commodes et magnifiques, c'est de savoir donner à la magnificence ce qu'elle demande sans que la solidité d'une part et la commodité de l'autre en souffrent le moins du monde, car ces trois choses se combattent presque toujours; c'est enfin « de savoir rendre les dehors aussi réguliers et aussi agréables que si l'on n'avait eu aucun égard à la distribution et à la commodité des dedans, et que les dedans soient aussi commodes et aussi bien distribués que si l'on n'avait pas songé à la régularité des faces extérieures ». Suit une longue dissertation sur les ordres, sur les proportions, sur l'ignorance des anciens quant au *trait* et à la *coupe* des pierres. Comme on devait s'y attendre, aux monuments de l'antiquité l'Abbé oppose le nouveau Louvre, il vante la magnificence et la solidité de la façade, mais ne dit rien, et pour cause, de « la distribution et de la commodité des dedans ».

En ce qui touche la sculpture, l'Abbé trouve que les anciens ont excéllé dans le nu, qu'ils ont été moins heureux dans les draperies et malhabiles dans les bas-reliefs. Ici le Président use de l'argument *ad hominem* : est-ce que cependant, dit-il, M. Colbert n'a pas fait exécuter des moulages de la colonne Trajane? — Sans doute, dit l'Abbé, mais lorsqu'il faisait envelopper d'immenses échafauds une colonne de six vingt pieds de haut « dans une place où se promènent des étrangers de toutes les nations », M. Colbert savait très bien qu'un tel spectacle ferait faire à ces étrangers « des réflexions plus honorables cent fois à la France que la réputation de se bien connaître aux ouvrages de sculpture ». Il est amusant de recueillir au passage ce trait de la politique de Louis XIV.

La peinture des anciens n'était qu'un art d'imitation, ce sont les modernes qui ont composé des tableaux et qui ont inventé le clair-obscur. Là-dessus Perrault triompherait facilement s'il s'agissait seulement de comparer la peinture de l'antiquité à celle du siècle de Louis le Grand, mais il veut encore prouver que ses contemporains l'emportent sur les artistes illustres qui firent, au siècle précédent, la gloire de l'Italie : ceux-ci étant antérieurs doivent être inférieurs, c'est la règle, c'est le dogme. Or les trois visiteurs de Versailles viennent de pénétrer dans la salle où sont accrochés, face à face, *Les Pèlerins d'Emmaüs* de Véronèse et *la Famille de Darius* de Le Brun. L'Abbé, qui naturellement tient pour Le Brun, déclare que les *Pèlerins d'Emmaüs* sont mal composés, que les personnages ne semblent pas se voir les uns les autres. Le Président estime assez judicieusement que « tous ces prétendus défauts ne regardent pas le peintre, comme peintre, mais seulement comme historien ». L'Abbé fait du triste tableau de Le Brun

un éloge aussi long que surprenant; il affirme, du
reste, qu'on doit laisser faire le temps dont l'action
est si favorable aux chefs-d'œuvre et y ajoute
« mille grâces nouvelles ». Hélas! le temps n'a pas
ajouté beaucoup de « grâces nouvelles » à la toile de
Le Brun, décorateur de génie, prodigieux dessinateur de tapisseries et de sculptures, bon portrai-
tiste, mais peintre médiocre. Cependant l'Abbé est
intrépide : il va jusqu'à préférer *la Famille de
Darius* aux deux Raphaël qui ornaient alors l'appartement du Roi et qui sont maintenant au Louvre:
le *Saint Michel* et la *Sainte Famille*, car il trouve
chez Le Brun une meilleure « dégradation des
lumières ». Alors le Président qui ne se tient pas
pour battu, invoque les « curieux » (on appelait
ainsi les amateurs). Les « curieux »! l'Abbé et le
Chevalier savent ce qu'il en faut penser :

L'Abbé. — Il y a quelques curieux qui ont le goût très
fin ; mais il y en a beaucoup qui ne se connaissent en
tableaux que comme les libraires se connaissent en livres.
Ils savent le prix, la rareté et la généalogie d'un tableau,
sans en connaître le vrai mérite, comme les libraires
savent parfaitement ce qu'un livre doit être vendu,
l'abondance ou le peu d'exemplaires qu'il y en a, et
l'histoire de ses éditions, sans rien savoir de ce qui est
contenu dans le livre.

Le Chevalier. — Je suis persuadé que les curieux dont
vous parlez sont plus habiles que vous ne dites, mais
qu'ils sont bien aise d'entretenir la passion des vieux
tableaux et pour cause.

L'Abbé. — Il y a un peuple entier que cette manie fait subsister et je ne doute pas que la manufacture des vieux tableaux ne soit encore d'un plus grand profit que celle des bustes antiques.

Quand Perrault passe à la littérature, son goût nous paraît un peu chancelant. La critique qu'il fait des anciens est faible; l'éloge qu'il donne aux modernes s'étend à des auteurs d'une évidente médiocrité, et perd toute valeur. Cependant, il ne faut pas s'y tromper, ce partisan forcené des modernes est loin de contester la beauté des ouvrages grecs ou latins. Ce n'est pas de lui que se peuvent recommander les ennemis des « humanités », ceux qui voudraient aujourd'hui proscrire des collèges l'étude des anciens. Quand le Président se demande avec horreur ce qu'il adviendrait si la thèse de l'Abbé triomphait, celui-ci répond : « Si mon sentiment venait à prévaloir, il n'arriverait rien de tout ce que vous venez de dire, on continuerait à étudier comme on a fait jusques à cette heure, les collèges n'auraient pas moins d'écoliers qu'ils en ont, il faudra toujours apprendre le grec et le latin, ce sont des langues que la religion, la jurisprudence, la philosophie et toutes les sciences qu'elle renferme, rendront à jamais nécessaires, il faudra toujours lire les anciens pour savoir ce qu'ils ont pensé, car ils ont pensé de très bonnes choses, et tout ira son même train... » En mainte occasion il proteste qu'il admire Homère, Virgile, Cicéron,

Horace et bien d'autres. Au moment où la querelle est le plus ardente, il tient à lire devant l'Académie des vers où il traduit de son mieux *les Adieux d'Hector à Andromaque*, afin d'attester qu'il goûte, lui aussi, les plus beaux endroits de l'*Iliade*[1]. Et comment eût-il renié les poètes auxquels lui-même emprunte ses images, ses comparaisons, ses métaphores? Ses vers, comme tous ceux des poètes français, sont encombrés de mythologie. Écoutez ceux-ci qui sont assez agréables, et qui sont extraits de son épître à Fontenelle sur le *Génie*.

. . . . . . . . . . . . . . . . .

Que celui qui possède un don si précieux,
D'un encens éternel en rende grâce aux Cieux ;
Eclairé par lui-même et sans étude, habile,
Il trouve à tous les Arts une route facile ;
Le savoir le prévient et semble lui venir
Bien moins de son travail que de son souvenir.
Sans peine il se fait jour dans cette nuit obscure
Où se cache à nos yeux la secrète Nature,
Il voit tous les ressorts qui meuvent l'Univers ;
Et si le sort l'engage au doux métier des vers,
Par lui mille beautés à toute heure sont vues,
Que les autres mortels n'ont jamais aperçues,
Quelque part qu'au matin il découvre des fleurs,
Il voit la jeune Aurore y répandre des pleurs ;
S'il jette ses regards sur les plaines humides,
Il y voit se jouer les vertes Néréides,

---

1. Appendice X.

Et son oreille entend tous les différents tons
Que poussent dans les airs les conques des Tritons.
S'il promène ses pas dans une forêt sombre,
Il y voit des Silvains et des Nymphes sans nombre,
Qui toutes, l'arc en main, le carquois sur le dos,
De leurs cors enroués réveillent les échos,
Et chassant à grand bruit vont terminer leur course
Au bord des claires eaux d'une bruyante source.
Tantôt il les verra sans arc et sans carquois
Danser durant la nuit au silence des bois
Et sous les pas nombreux de leur danse légère
Faire à peine plier la mousse et la fougère,
Pendant qu'aux mêmes lieux le reste des humains,
Ne voit que des chevreuils, des biches et des daims.

En lisant de tels vers on se dit qu'après tout le *modernisme* de celui qui les a écrits, n'est pas féroce. On songe à la remarque de La Bruyère : « On se nourrit des anciens et des habiles modernes, on les presse, on en tire le plus que l'on peut, on en renfle ses ouvrages, et quand enfin l'on est auteur, et que l'on croit marcher tout seul, on s'élève contre eux, on les maltraite, semblable à *ces enfants drus et forts d'un bon lait qu'ils ont sucé, qui battent leur nourrice.* »

Malheureusement Perrault ne se contentait pas de battre sa nourrice, il avait la manie de la ridiculiser. Sitôt que dans un ouvrage ancien, il découvrait ou croyait découvrir une particularité contraire aux « bienséances » de son siècle, il travestissait avec une fâcheuse irrévérence le passage qui avait cho-

qué son goût ou qu'il avait interprété de travers.
Ce fut cette manière de plaisanter facile et triviale
qui excita le courroux de Boileau. Celui-ci ne par-
donnait pas à Scarron ses facéties et ses carica-
tures, comment eût-il toléré pareille dérision dans
un ouvrage où tant de méchants écrivains, ses
bêtes noires, étaient loués le plus sérieusement du
monde?

Perrault relève chez Thucydide le caractère arti-
ficiel des harangues, le défaut de précision, l'absence
de chronologie et aux œuvres des historiens grecs
il oppose le *Discours sur l'histoire universelle*
de Bossuet, mais il comble aussi de louanges
« MM. de Cordemoy père et fils ».

Il juge que les philosophes anciens ignoraient
l'ordre et la clarté, mais cite comme un modèle de
ces deux qualités le *Traité de l'origine des fontaines* de son frère Pierre Perrault : nous avons vu
ce qu'on doit penser de cet « extravagant » traité
d'hydrologie.

Il permet à son Chevalier de traiter Aristote et
Platon de saltimbanques, de comparer *l'Hippias*
aux facéties que Mondor et Tabarin débitent sur le
Pont-Neuf; aux dialogues de Platon il préfère ceux
de Cicéron et ceux de Lucien, et au-dessus de tous
ces ouvrages il place les *Provinciales*. Qui trouvera
mauvais son enthousiasme pour Pascal? Mais la
manie de comparer le conduit à confronter des
livres bien dissemblables de forme et d'accent.

Il met en parallèle les fables milésiennes et le *Satyricon* de Pétrone avec l'*Astrée*, la *Clélie*, *Cyrus*, *Cléopâtre*, *Don Quichotte* et le *Roman comique* : s'il s'en était tenu à l'*Astrée* et à *Don Quichotte*, il eût mieux glorifié le roman moderne.

Les lettres de *Voiture* et de *Balzac* lui paraissent surpasser les épîtres de Cicéron et de Sénèque.

Il n'admire guère la prétendue « simplicité » de Démosthène, goûte davantage l'éloquence de Cicéron et cite de longs fragments des plaidoyers d'Antoine Le Maitre, s'imaginant qu'une simple prévention nous aveugle, quand nous trouvons Démosthène plus grand que cet excellent avocat !

Quant aux poètes, il déclare en se rappelant les théories de Desmarets de Saint-Sorlin, que le christianisme leur a fourni des imaginations nouvelles, que les fables du paganisme ne sont pas l'essence de la poésie, que les psaumes de David offrent de beaux modèles et que le merveilleux chrétien a renouvelé l'épopée. Si l'on soutient que les anges et les démons de M. Chapelain ont médiocrement diverti le lecteur, « cela vient de ce que M. Chapelain n'avait pas le don d'être fort divertissant ».

De tous les poètes anciens, Homère est, naturellement, le plus malmené. D'abord est-on certain qu'il ait jamais existé ? Là-dessus Perrault partage les doutes de l'abbé d'Aubignac. (On sait quelle fortune fit en Allemagne la thèse de la non-existence d'Homère.) Quoi qu'il en soit, l'*Iliade*, selon lui, n'est dominée par aucune idée morale, c'est un simple récit d'aventures. La verve de l'Abbé s'exerce abondamment sur la barbarie des mœurs, l'incohérence des caractères, la monotonie des épithètes, l'enchevêtrement des comparaisons. La familière beauté de l'Odyssée est tournée en dérision. Ici reparaît encore le goût du grotesque. — « Il n'y a rien qu'on ne tourne en ridicule quand on s'y prend comme vous le faites, » objecte le Président, et il ajoute cette remarque pleine de sens, que Perrault avait probablement entendue dans la bouche de ses adversaires : « Il faudrait voir comment cela est énoncé en grec. »

Perrault, qui ne savait pas le grec, se souvenait de la semonce un peu rude qu'il avait reçue de Racine à propos de certains textes d'Euripide. Aussi cette fois avait-il pris les devants. Prévoyant qu'on lui reprocherait d'ignorer la langue des auteurs qu'il critiquait, il avait, dès le début de son dialogue sur les belles-lettres, développé cette idée que pour donner son avis sur un écrivain, il suffit d'en avoir lu les livres dans de bonnes traductions. Une traduction, pense-t-il, ne fait point connaître le style de l'original, surtout s'il s'agit de poésie, mais elle laisse voir les idées et les sentiments; bien plus, personne n'est en état de lire couramment une langue morte et d'en saisir toutes les nuances du premier coup, il vaut donc mieux laisser cette besogne difficile à un traducteur de profession et ne pas s'astreindre à déchiffrer péniblement les textes. Paradoxe d'autant plus aventureux qu'en ce temps-là, les traductions brillaient par leur élégance et non par leur fidélité.

Il met Virgile au-dessus d'Homère, sans se dissimuler les défauts et les obscurités de l'*Énéide*. Il donne cette raison que Virgile est plus moderne qu'Homère. La vérité est que Perrault sait mieux le latin que le grec. A l'*Iliade* et à l'*Énéide*, il hésite pourtant à préférer les poèmes épiques de son siècle. Du moins il vante la bonne ordonnance et les caractères « louables » du *Clovis* de Desmarets, du *Saint Louis* du Père Lemoyne, de l'*Alaric* de Scudéri, et de la *Pucelle* de Chapelain !

Les chefs-d'œuvre de la tragédie et de la comédie françaises du XVII<sup>e</sup> siècle lui offrent de bons arguments en faveur de sa thèse, il jette donc dans la balance les noms de Corneille et Molière ; mais Racine n'est même pas nommé.

Cette fois, Perrault ne saurait alléguer qu'il parle seulement des morts, puisque dans ce même *Parallèle* il cite La Bruyère et Bossuet. Quand il achève son livre, en 1692, Racine a donné son dernier chef-d'œuvre l'année précédente, et Racine est omis ! Perrault a lui-même engagé les modernes à chercher dans l'Écriture sainte des sources d'inspiration, et il ne dit rien de l'auteur d'*Athalie !* Perrault est cependant un honnête homme, il n'a rien d'un Trissotin, il aime les lettres d'un amour désintéressé, il est jaloux de la gloire de son siècle, et c'est pour la mettre au-dessus de toute contestation, qu'il a composé son *Parallèle;* mais Racine est son ennemi, Racine l'a blessé par quelques sarcasmes, et il croit se venger par un silence absurde. Misères de la critique littéraire!

Un sentiment analogue le pousse à se montrer parcimonieux dans les louanges qu'il accorde à La Fontaine (encore un vivant). L'Abbé et le Chevalier citent trois de ses fables, ils y trouvent un sel « d'une espèce toute nouvelle », les anciens n'ont rien imaginé qui fût « de ce caractère ». L'éloge est timide, contraint. Et pourtant La Fontaine et Perrault appartenaient à la même génération ; ils se connaissaient depuis leur jeunesse, ils s'étaient rencontrés chez Fouquet, retrouvés chez M^{me} de La Sablière qui appelait Perrault « son maître ». Ils avaient en commun le goût des contes et l'amour de la campagne. Mais rien ne détournait Perrault de son idée fixe : La Fontaine s'était publiquement rangé du parti des anciens.

Afin que la revue des genres littéraires fût complète, Perrault était obligé de parler de la satire, ou plutôt du seul satirique « que nous ayons aujourd'hui » : c'était ainsi qu'il désignait Boileau, sans le nommer. Il rendit hommage à son talent et lui reprocha seulement d'avoir, à l'imitation d'Horace, appelé par leurs noms les gens qu'il malmenait ; il reconnaissait, du reste, que cette licence avait été reçue avec des applaudissements incroyables. Puis il allait ramasser sur le champ de bataille quatre des victimes de Boileau : Quinault, Chapelain, l'abbé Cottin, l'abbé Cassagne, et sans courroux, sans violence, il protestait contre l'affront immérité fait à d'honnêtes gens dont il avait la prudence de ne point surfaire les mérites.

Quand il eut achevé ce dialogue sur les belles-lettres, il l'envoya à Boileau avec une lettre très courtoise que Boileau lui demanda de rendre publique ; elle fut donc imprimée à la suite de l'ouvrage.

Ce ton modéré, ces bons procédés allaient-ils désarmer Boileau, terminer la querelle ? Perrault s'en flattait. Son illusion fut brève.


## V. — L'INJURIEUSE DISPUTE
### DE CHARLES PERRAULT
### ET DE NICOLAS BOILEAU


Pendant que paraissaient les trois premiers tomes des *Parallèles*, la dispute s'était envenimée. Les gazetiers s'en mêlaient. Bayle, dont l'autorité était considérable, se déclarait pour les modernes. Les dernières précieuses, les vieilles amies de l'« illustre Sapho » se déchaînaient contre Boileau. Les jeunes femmes savaient gré à Perrault de publier en toute occasion que leur suffrage était précieux et leur goût délicat. En 1691, Fontenelle était reçu à l'Académie, malgré l'opposition de Racine et de Boileau. D'autre part, Boileau entrait dans une période de sa vie, morose et chagrine. Les eaux de Bourbon n'avaient point guéri sa laryngite. Qu'il était loin le temps où il disait à Guilleragues :

Aujourd'hui, vieux lion, je suis doux et traitable.

Le vieux lion rugissait dans son antre. Enfin, eût-il été disposé à signer la paix avec Perrault, quelqu'un, près de lui, n'était pas d'humeur à pardonner. Racine n'aimait pas la bagarre ; il se contentait de rimer des épigrammes, mais il envoyait à la bataille son vieil ami Despréaux qui était accoutumé à donner et recevoir des horions, il se chargeait seulement de choisir et de fourbir les armes. Une de ses lettres nous le fait voir relisant Denys d'Halicarnasse à l'intention de Boileau ; il s'écrie : « Mais M. Perrault ne peut-il pas avoir quelque ami qui lui fournisse des mémoires ? »[1] Un tel ami ne fit jamais défaut à Boileau.

On veut croire cependant que Racine n'a été pour rien dans la première opération de la campagne : elle fut désastreuse pour Boileau.

Perrault avait traité de galimatias le début d'une des odes de Pindare. Désespérant de révéler la

---

1. Racine à Boileau. 1693.

## BOILEAU

Gravure DE DREVET, d'après le portrait de RIGAULT.

beauté pindarique à des gens qui ne savaient pas
le grec, Despréaux pensa qu'il leur en ferait sentir
quelque chose, s'il composait lui-même une ode
française à la manière de Pindare, une ode « pleine
de mouvements et de transports où l'esprit paraît
plutôt entraîné du démon de la poésie que guidé
par la raison ». Il eût été sage à lui de suivre sa
vieille et fidèle amie, la raison, qui lui avait inspiré
tant de bons vers, et de ne point s'abandonner au
« démon de la poésie » qui, ce jour-là, lui joua un
méchant tour. Il eût surtout mieux fait de ne pas
terminer cette *Ode sur la prise de Namur* par une
strophe qui, assurément, n'a rien de *pindarique* :

> Pour moi, que Phébus anime
> De ses transports les plus doux,
> Rempli de ce dieu sublime,
> Je vais, plus hardi que vous,
> Montrer que sur le Parnasse,
> Des bois fréquentés d'Horace
> Ma muse dans son déclin
> Sait encore les avenues,
> Et des sources inconnues
> A l'auteur de *Saint Paulin*.

L'auteur de *Saint Paulin* crut devoir, à son tour,
se livrer au « démon de la poésie ». Boileau avait
chanté la prise de Namur : il chanterait les conquêtes du roi en Flandre, et le ferait à sa façon,
qui n'était pas celle de Pindare, assurait-il, nous

le croyons volontiers. Le lyrisme de Perrault vaut celui de Boileau.

Malheureusement les deux adversaires ne s'en tiennent pas à cette joute inoffensive. Pendant plus d'un an, ils vont se jeter à la tête de la prose et des vers, des préfaces, des lettres, des « réflexions » et des satires. Dès lors, de l'idée maîtresse qui semblait faire le fond du débat, il n'est plus guère question. Il s'agit bien des anciens, des modernes et du progrès indéfini de l'esprit humain ! C'est une simple rixe, et le public se divertit à regarder les deux vieux poètes en train de se gourmer.

Pour comprendre leur mutuelle aversion regardez les deux adversaires. Voyez Boileau : une incurable maladie du larynx, une cruelle affection de vessie et surtout la dévorante passion de la littérature — la seule qu'il ait connue, mais il l'a éprouvée jusqu'à la frénésie — ont creusé et décharné son visage. On est attiré par la noblesse de ce front élevé qu'encadrent les boucles de la perruque, par ce regard droit et fier ; mais le nez qui pointe, les joues qui se plissent, les lèvres qui se serrent, trahissent l'amertume et annoncent le sarcasme. A côté de cette figure ravagée et mobile, considérez la bonne face, grave et tranquille de Perrault vieilli. Dans le portrait de sa jeunesse (trente-sept ans) d'après Le Brun on surprenait quelque chose de décidé, de volontaire. Il n'en reste plus trace dans cette image nouvelle. Les années ont passé : Perrault s'est marié ; il goûte les joies de la famille ; il a engraissé. C'est un vieillard sérieux et courtois qui croirait manquer à sa dignité d'académicien s'il se faisait peindre le col ouvert, comme ce débraillé de Despréaux.

Perrault garde quelque temps l'avantage du sang-froid et de la courtoisie, mais, lorsqu'il voit ses frères attaqués par Boileau, il perd la tramontane. D'ailleurs il devient surtout injurieux, lorsqu'il parle la langue des dieux ; la rime le mène alors où elle veut, la mesure du vers l'oblige aux épithètes les plus outrageantes. Il ne faudrait jamais se chamailler en alexandrins.

Boileau reproche à cet « homme sans aucun goût » d'avoir dit, entre autres sottises, que *la Clélie et les opéras sont des modèles du genre sublime*[1]. — Je n'ai jamais rien dit de pareil, riposte Perrault, et il a raison.

Réveillant le souvenir de ses anciennes disputes avec le médecin architecte, Boileau s'en prend à toute la famille Perrault. L'autre relève ces insinuations et en profite pour rappeler que les deux frères de Boileau furent ses obligés.

Sur ces entrefaites, Boileau publie sa satire contre *les Femmes* et Perrault y peut lire que certaine précieuse

S'étonne cependant d'où vient que chez Coignard
*Le Saint Paulin* écrit avec un si grand art,

1. *Discours sur l'Ode.*

Et d'une plume douce, aisée et naturelle,
Pourrit, vingt fois encor moins lu que *la Pucelle*.
Elle en accuse alors notre siècle infecté
Du pédantesque goût qu'ont pour l'antiquité
Magistrats, princes, ducs et même fils de France,
Qui lisent sans rougir et Virgile et Térence,
Et toujours pour Perrault, pleins d'un dégoût malin
Ne savent pas s'il est au monde un *Saint Paulin*.

Ces vers blessent Perrault au vif : peut-on faire à un homme de lettres injure plus cruelle que d'assurer que ses livres pourrissent chez le libraire? L'occasion lui paraît excellente de répondre à la satire de Boileau par une *Apologie des femmes* : il se conciliera ainsi toutes celles qu'ont révoltées les brutalités du vieux misogyne. Il célèbre donc leur vertu, leur fidélité, il venge M^{me} de la Sablière des méchantes railleries de Boileau, il chante les joies du foyer — qu'il n'avait pas tenu à connaître avant quarante-trois ans. Boileau est invité à se reconnaître dans le portrait que voici :

Regarde un peu de près celui qui, loup garou,
Loin du sexe a vécu, renfermé dans son trou ;
Tu le verras crasseux, maladroit et sauvage,
Farouche dans ses mœurs, rude dans son langage,
Ne pouvoir penser rien de fin ni d'ingénieux,
Ne dire jamais rien que de dur ou de vieux.
S'il joint à ces talents l'amour de l'antiquaille,
S'il trouve qu'en nos jours, on ne fait rien qui vaille
Et qu'à tout bon moderne il donne un coup de dent,
De ces dons rassemblés se forme le pédant,

Le plus fastidieux comme le plus immonde
De tous les animaux qui rampent dans le monde.

A *l'Apologie des femmes* Perrault joint une préface où il se donne pour « le défenseur des « bonnes mœurs et de l'honnêteté » et accuse Boileau d'avoir, à l'imitation d'Horace et de Juvénal, déclamé contre les femmes « d'une manière scandaleuse et en termes qui blessent la pudeur ».

La galerie se divertit à entendre traiter le sévère Boileau d' « homme perdu ». Elle attend avec impatience le livre qu'il a promis d'écrire, et où il doit réfuter le *Parallèle*. Le prince de Conti le menace d'aller à l'Académie, et d'écrire sur le fauteuil du satirique : *Tu dors, Brutus.*

Boileau publie enfin les *Réflexions critiques sur quelques passages de Longin* dont les neuf premières concernent Perrault. Ce n'est pas la réfutation promise ; mais Boileau y revient, une fois de plus, sur ses anciens démêlés avec Claude Perrault ; il répète que ce dernier n'a jamais rien bâti ; il soutient que ses propres frères ne furent jamais les protégés du contrôleur des bâtiments ; puis c'est une longue suite d'observations grammaticales destinées à prouver que Perrault ignore le grec : tout le monde s'en doutait. Chemin faisant, il rétorque l'accusation de pédantisme portée contre lui par Perrault.

Un pédant est un homme plein de lui-même qui avec un médiocre savoir décide hautement de toutes choses, qui se vante sans cesse d'avoir fait de nouvelles découvertes ; qui traite de haut en bas Aristote, Épicure, Hippocrate, Pline ; qui blâme tous les auteurs anciens ; qui publie que Jason et Barthole étaient deux ignorants, Macrobe un écolier ; qui trouve à la vérité quelques endroits passables dans Virgile, mais qui y trouve aussi beaucoup d'endroits dignes d'être sifflés, qui croit à peine Térence digne du nom de joli ; qui tient que la plupart des anciens n'ont ni ordre ni économie dans leurs discours ; en un mot qui compte pour rien de heurter sur cela le sentiment de tous les hommes.

Çà et là quelques arguments assez forts.

Le gros des hommes à la longue ne se trompe pas sur les ouvrages de l'esprit. Il n'est plus question à l'heure qu'il est de savoir si Homère, Platon, Cicéron, Virgile sont des hommes merveilleux ; c'est une chose sans contestation, puisque vingt siècles en sont convenus : il s'agit de savoir en quoi consiste ce merveilleux qui les a fait admirer de tant de siècles, il faut trouver le moyen de le voir, ou renoncer aux belles lettres, auxquelles vous devez croire que vous n'avez ni goût ni génie, puisque vous ne sentez pas ce qu'ont senti tous les hommes.

Cette preuve par le consentement unanime ne pouvait émouvoir un esprit résolu à juger par ses seules lumières tout ce qui ne concernait ni l'État ni la religion ; mais Boileau y ajoutait une remarque de pur bon sens qui, celle-là, portait droit et juste :

Puisque c'est la postérité seule qui met le véritable prix aux ouvrages, il ne faut pas, quelque admirable que vous paraisse un écrivain moderne, le mettre aisément en parallèle avec ces écrivains admirés durant un si grand nombre de siècles, puisqu'il n'est pas même sûr que ses ouvrages passent avec gloire au siècle suivant.

Cette solide et irréfutable maxime était autrement décisive que le travail de grammairien auquel Boileau s'était livré avec l'aide de Racine, pour relever les « bévues » et les « absurdités » de Perrault. On est un peu surpris d'entendre Boileau soutenir qu'à juger ses contemporains, on risque d'être démenti par la postérité, alors que lui-même a passé sa vie à rendre de tels verdicts, et avec quelle rigueur ! Mais ce qu'il dit ici pour les besoins de sa cause, n'en est pas moins une grande vérité. Il est souvent arrivé à des critiques très sagaces de proférer des « absurdités » en louant ou en vilipendant des écrivains de leur siècle, ou même du siècle précédent. Boileau et Perrault n'ont-ils pas, l'un comme l'autre, méconnu le génie de Ronsard ? Se sont-ils doutés de la place que la postérité donnerait à la Pléiade dans l'histoire de la poésie française ?

Aux attaques dirigées contre son frère, Charles répondit en présentant au roi les dessins mêmes de l'architecte. Quant aux accusations, aux injures qui visaient sa personne, peut-être va-t-il répliquer en prose ou en vers, quand un négociateur inattendu lui apporte des propositions de paix.

## VI. — LE TRAITÉ DE PAIX
### LES « HOMMES ILLUSTRES ».

Quelqu'un suivait ce combat avec tristesse, c'était le vieil Arnauld qui achevait sa longue vie dans l'exil, à Bruxelles : il avait alors quatre-vingt-deux ans. Il voyait aux prises deux hommes qu'il avait de bonnes raisons d'estimer l'un et l'autre. Il était depuis longtemps l'ami de Boileau, amitié réciproque dont le poète avait rendu un mémorable témoignage dans une de ses épîtres. Il venait de recevoir la satire contre *les Femmes* : l'austère morale qui y était prêchée devait réjouir le patriarche du jansénisme. Mais pouvait-il oublier que jadis le docteur Nicolas Perrault avait opiné pour lui en Sorbonne ? Depuis ce temps il avait voué une fidèle affection à la famille de son défenseur.

Quand Perrault lui envoya son *Apologie des femmes*, réponse à la dixième satire de Boileau, il fut très chagrin, car celui-ci y était presque traité de corrupteur public.

Il écrivit donc deux lettres, l'une à Boileau pour le blâmer de ses emportements, l'autre à Perrault mais bien plus sévère, bien plus dure ; « avec cette naïve et cordiale sincérité que les chrétiens doivent pratiquer avec leurs amis », il lui reprochait d'avoir porté contre Boileau des accusations graves et injustes, alors que lui, Perrault, paraissait prendre la défense des romans, des comédies et des opéras flétris par le satirique. Il lui représentait qu'en nommant et ridiculisant les mauvais auteurs, Boileau avait bien servi la gloire de la nation ; enfin il l'exhortait à la charité et au pardon.

Avant de l'adresser à Perrault, Arnauld soumit sa lettre au chanoine Le Noir, confesseur de Boileau, à Racine, au médecin Dodart et à quelques autres personnes en les priant de lui donner leur avis. Des copies circulèrent et furent mises sous les yeux de Boileau. Satisfait d'avoir trouvé un pareil défenseur, celui-ci pensa qu'il pouvait, sans déroger, négocier un traité de paix. Il chargea donc Racine et l'abbé Tallemant de se rendre auprès de l'adversaire. Surpris de cette démarche imprévue, étonné surtout de voir Racine porteur du rameau d'olivier, Perrault reçut ces ouvertures avec un peu de méfiance ; d'ailleurs la lettre d'Arnauld commençait à faire quelque bruit dans le public. Lorsque les parlementaires se présentèrent de nouveau, Perrault les interrogea sur cette fameuse lettre dont tout le monde parlait et qui ne lui était pas parvenue. Racine lui répondit que « s'étant informé de cette lettre, il avait su que c'était une lettre de remerciements et d'honnêtetés, dans laquelle après avoir loué sa famille et ses vers, on lui témoignait désirer qu'il eût nettement condamné l'opéra et les romans dans sa préface, et on l'exhortait à la paix, comme on y avait exhorté M. Despréaux, après lui avoir témoigné qu'on aurait désiré qu'il n'eût attaqué ni la famille ni les personnes, et qu'il eût réparé ce qu'il avait dit contre M. le médecin. » Ce résumé était inexact. Si l'on se reporte à la lettre elle-même, on s'aperçoit que ni dans le ton ni dans les termes elle n'était pareille à celle que Boileau lui-même avait reçue d'Arnauld. Perrault fut-il dupe ? ou bien eut-il la naïveté de croire qu'on ne publierait jamais une lettre à lui adressée ? Quoi qu'il en fût, le 4 août 1694, les deux ennemis se réconcilièrent publiquement à l'Académie, et Boileau en donna la nouvelle au public dans une épigramme un peu lourde où il faisait payer à Pradon les frais de la guerre, sans doute pour remercier Racine de ses bons offices.

Quatre jours après, Arnauld mourut à Bruxelles sans avoir connu l'événement qui venait de s'accomplir sous ses auspices. Il n'avait pas autorisé la publication de sa lettre à Perrault[1]. Quesnel dut intervenir pour qu'elle ne fût pas publiée.

La querelle était finie. Désormais les deux adversaires vécurent en assez bonne intelligence. « Mais

1. Tout ce qui concerne la lettre d'Arnauld a été parfaitement élucidé par Paul Bonnefon dans *Charles Perrault littérateur et académicien* (*Revue d'histoire littéraire*, octobre-décembre 1905).

en vérité, écrivait l'abbé Dubos à Bayle, si la plaie
est fermée, il reste encore une grande cicatrice, et
vous avez eu grand'raison d'écrire que la haine
d'érudition est implacable. » Implacable elle fut
chez Boileau. Perrault respecta scrupuleusement le
traité conclu. Il ne répondit rien à une lettre où
Boileau badinait à propos de leurs différends passés
sur un ton qui ne pouvait lui plaire. Il avait
annoncé que le quatrième volume du *Parallèle*
contiendrait l'examen et la comparaison de quelques
beaux morceaux des poètes anciens et modernes.
mais il abandonna cet ouvrage « par amour de la
paix », pour ne pas se brouiller avec des hommes
d'un grand mérite « dont l'amitié ne saurait se
payer trop cher. » Il ajoutait ces paroles pleines de
modestie et de sagesse : « Quoi qu'il en soit, je me
suis diverti, et c'est de quoi il s'agissait principale-
ment. Si dans la suite on me fait voir que j'ai eu
tort, je n'aurai pas moins de plaisir à rentrer dans
la bonne voie que je n'en ai présentement à pouvoir
croire que je ne me suis pas égaré. »

Il consacra donc son dernier tome aux progrès des
sciences et y traita de l'astronomie, de la géogra-
phie, de la navigation, de la physique, de la médecine[1] et de la musique. Sur ce terrain-là, il était
sûr de ne pas rencontrer Boileau.

En écrivant ces derniers dialogues *de omni re*

---

1. Appendice XI.

*scibili*, Perrault a la secrète pensée d'élever un monument à la gloire de ses frères. Déjà, lorsqu'il a traité de l'architecture, il a repris la plupart des théories développées par Claude dans les notes de son *Vitruve* et dans *l'Ordonnance des cinq espèces de colonnes*. Maintenant ce sont les opinions du même sur la mécanique, l'optique, la musique et la médecine qu'il va exposer et défendre en leur donnant une forme plus claire, un tour plus rapide. Dans sa Préface il reconnaît avoir été aidé par « Messieurs de l'Académie de Sciences » qui ont bien voulu lui fournir « des mémoires sur les choses dont chacun d'eux fait une profession particulière ». Mais ce sont les ouvrages de Claude qu'il cite le plus souvent. Quand il réfute certaines parties du système de Descartes, c'est l'ombre de son frère Nicolas qu'il appelle à son secours, et à la dernière page du *Parallèle* il reproduit un petit mémoire qu'il intitule : *Sentiment d'un docteur de Sorbonne sur la doctrine des principes de connaissance de Descartes*. Ce docteur de Sorbonne n'est autre que Nicolas, le défenseur d'Arnauld mort il y a trente-sept ans.

En même temps, Perrault composait un ouvrage qui formait, en quelque sorte, un appendice au *Parallèle : Les Hommes Illustres qui ont paru en France pendant le XVIIe siècle*. Son dessein était de montrer, une fois de plus, que son siècle l'emportait sur tous les autres, mais, cela dit, il se contentait de consacrer quelques pages à chacun des personnages dont il publiait un beau portrait gravé. Un amateur, Michel Begon, intendant de La Rochelle, qui avait conçu le même projet, lui fit part des renseignements et des gravures qu'il avait déjà réunis.

C'est une suite de cent biographies d'hommes d'État, de guerre, d'Église, de savants, de poètes, d'historiens, d'artistes, de chirurgiens. Aucun vivant n'y figure — la raison en est facile à deviner — ni aucun étranger, l'auteur « n'ayant en vue que l'honneur de la France ». Et elles honoraient vraiment la France, ces brèves notices : malgré leur concision et leur simplicité, elles forment un magnifique tableau de la gloire française sous Henri IV, Louis XIII et Louis XIV. Perrault y parle noblement des grands capitaines : ses panégyriques de Fabert et de Turenne sont d'admirables morceaux. Il a trouvé aussi de touchantes paroles pour des hommes moins illustres et qui contribuèrent modestement à la grandeur de leur patrie et de leur siècle. Tel cet Antoine Rossignol dont l'éloge s'intercale entre ceux d'Arnauld d'Andilly et de Descartes.

Antoine Rossignol était célèbre par son habileté à déchiffrer les écritures secrètes. Son esprit vif et pénétrant avait été encore assoupli par l'étude approfondie des mathématiques. Sous Louis XIII, il s'était déjà signalé en déchiffrant des messages interceptés pendant les guerres contre les huguenots.

Louis XIV lui témoigna une estime toute particulière et lui donna une pension considérable.

Il est vrai qu'on ne sait en détail ni le nombre ni l'importance des services qu'il a rendus, les conspirations qu'il a découvertes, les villes dont ses lumières ont facilité la conquête, celles qu'il a empêché d'être prises, les batailles gagnées et les défaites évitées en apprenant par son moyen les desseins, les entreprises et toutes les pensées des ennemis parce qu'il a gardé là-dessus un silence inviolable...

Il a servi l'État pendant cinquante-six années, et il a servi Dieu pendant toute sa vie, qu'il a passée dans une méditation presque continuelle de l'Écriture sainte, autant réservé à vouloir sonder les secrets que Dieu s'est réservés à lui seul et qu'il est bon que nous ignorions, qu'il était vif à pénétrer les secrets des hommes qu'il est utile de savoir ; autant humble et soumis dans les choses de la foi qu'il était supérieur dans toutes celles qui sont du ressort des sens et de la raison. Le roi lui fit l'honneur d'aller voir, en revenant de Fontainebleau, sa maison de campagne de Juvisy qui était fort belle. M. Rossignol reçut Sa Majesté avec un tel excès de joie (car jamais personne n'a eu plus que lui de zèle pour son prince) que le roi s'en aperçut, et que, craignant qu'il ne s'en trouvât mal dans l'âge où il était, il eut la bonté d'ordonner à son fils, qui le suivait, de le quitter et de s'en aller auprès de son père pour avoir soin de sa santé. Il mourut, peu de temps après, âgé de quatre-vingt-trois ans, mais d'une mort si douce et si tranquille qu'on ne pouvait pas douter qu'elle ne fût un passage à la vie bienheureuse. *Il avait l'âme grande et désintéressée ; il fut plus à ses amis qu'à lui-même, et sa principale attention était de leur faire plaisir.*

Ces mots trahissent la tendresse d'un ami qui n'a point oublié. Perrault et Rossignol étaient voisins de campagne ; Juvisy se trouve à une demi-lieue de Viry, le séjour des Perrault.

On peut, dans *les Hommes illustres*, surprendre d'autres confidences du même genre, par exemple ces lignes par lesquelles se termine l'éloge de Pierre Mignard : « Son esprit, la douceur et l'agrément de son commerce lui firent un grand nombre d'amis qui lui restèrent toujours attachés. *Son amitié était sûre, régulière, tendre et solide.* »

Racine était mort avant la publication du second tome des *Hommes illustres*, Perrault ne pouvait se dispenser de le mentionner ; il le fit, et dans les termes qui convenaient. Peut-être avait-il plus de mérite à oublier la sournoise inimitié de Racine que les fureurs de Boileau. Il loua tous les ouvrages du poète, depuis *la Nymphe de la Seine* jusqu'à *Athalie*. Il refusa de se prononcer sur la contestation qui durait encore entre les partisans de Corneille et ceux de Racine, mais il accorda que le dernier était supérieur, « dans les mouvements de tendresse et la pureté du langage ». Enfin il insista sur les liens qui avaient uni Racine à Port-Royal dans les premières et les dernières années de sa vie. Il montrait ainsi une fois de plus son inclination pour le jansénisme.

De cette sympathie il avait donné une preuve plus manifeste encore en faisant les éloges d'Antoine Arnauld et de Pascal; mais la Société de Jésus en prit ombrage et chargea le P. Bouhours d'obtenir que ces deux éloges disparussent de l'ouvrage encore sous presse. Perrault refusa. On lui fit entendre que les Jésuites pourraient faire supprimer sa pension : il capitula. Charles du Fresne, sieur du Cange, et Thomassin prêtre de l'Oratoire prirent la place des deux réprouvés. L'affaire cependant n'avait pas été sans faire un peu de bruit : Pascal et Arnauld reparurent dans les tirages suivants, et les deux bouche-trous y furent maintenus. A la vérité, quand parut enfin l'éloge de Pascal, les *Provinciales* n'y étaient pas désignées par leur nom, c'était « un certain ouvrage qui se fit à l'occasion d'une dispute arrivée en Sorbonne ». Comme dans le *Parallèle*, Perrault avait pu impunément louer Pascal et les *Provinciales*, on s'étonne de cette soudaine susceptibilité des Jésuites; mais il ne faut pas perdre de vue qu'au temps où paraissait le *Parallèle*, Perrault et Boileau étaient aux prises, et que les ennemis de nos ennemis sont nos amis jusqu'au jour où une réconciliation nous vient priver de cette utile amitié.

Dans *les Hommes illustres*, Perrault donna au grand Arnauld une marque singulière de respect et de soumission. Il se souvint que le vieillard lui avait amèrement reproché son indulgence à l'égard des opéras et des romans. En faisant l'éloge d'Honoré d'Urfé il déclara ne pouvoir disconvenir que

la lecture des romans ne fût « dangereuse, particulièrement pour les jeunes personnes ». Ce fut le
dernier écho de la bataille.

Peut-être, dans le secret de son cœur, Perrault
gardait-il quelques cuisants souvenirs, mais maintenant il se consolait dans la compagnie des fées.
Bien mieux qu'en décriant Homère et Platon, il
travaillait lui-même à la gloire de son siècle en
peignant le château de la Belle au bois dormant
et les domaines du marquis de Carabas.

Boileau montra moins de détachement. Pour son
malheur, il ne fréquenta jamais chez les fées. En
bon chrétien il avait pardonné à son ennemi, mais
dans sa morne et solitaire vieillesse, il ne pouvait
oublier ni les coups qu'il avait reçus, ni surtout
ceux qu'il avait donnés. Il tenait à sa gloire, il était
le chien sur son os. Quand, en 1701, il fit une nouvelle édition de ses œuvres complètes, qu'il appelait son « édition favorite », il consentit à biffer,
dans la dixième satire, quelques vers sur *Saint
Paulin*, mais ne retira rien de ses calomnies contre
Claude Perrault et reproduisit la grande lettre
d'Arnauld, lettre dont le vieux janséniste n'avait
jamais autorisé la publication. Perrault, cette fois
encore, garda le silence : il était occupé à rédiger
pour ses enfants les charmants *Mémoires de sa
vie*.

Montaigne a dit qu'on ne voit pas « d'âmes, ou
fort rares, qui, en vieillissant, ne sentent l'aigre

LE CHATEAU DE ROSIÈRES

près de Troyes

Charles Perrault a soixante-cinq ans lorsqu'il s'avise d'écrire des contes de fées ; il est encore engagé dans sa querelle avec Boileau ; *Peau d'âne* ne paraît qu'en 1694.

Sa grande affaire est l'éducation de ses trois fils : Charles Samuel, Charles et Pierre. Il habite place de l'Estrapade, dans un faubourg salubre, presque campagnard, entre les jardins de la Visitation et ceux de Sainte-Geneviève. Il a choisi ce quartier retiré à cause du voisinage des collèges où il a envoyé ses fils, « ayant toujours estimé, qu'il valait mieux que des enfants vinssent coucher dans la maison de leur père, quand cela peut se faire commodément, que de les mettre en pension dans un collège où les mœurs ne sont pas en si grande sûreté ». Il leur a donné un précepteur, mais, lui-même, leur fait assez souvent des leçons. C'est lui qui va nous dire comment il comprend l'éducation des enfants :

Il m'est arrivé de dire à mes enfants une chose qu'un père n'a peut-être jamais dite à ses enfants : « Prenez garde, leur dis-je, de vous jeter à corps perdu dans l'étude des sciences, que vous n'ayez bien examiné si votre esprit est assez fort pour en porter le poids et ne pas succomber ; car il en est de la science comme du vin, on ne doit prendre de l'un et de l'autre qu'autant que l'on en peut porter et de sorte que l'esprit demeure toujours le maître. Pour connaître l'effet bon ou mauvais que fait la science sur celui qui l'étudie, il n'a qu'à voir si dans la conversation il ne peut s'empêcher de citer les passages des auteurs qu'il a lus, car c'est une marque qu'il ne digère pas ce qu'il lit, puisqu'il le rend comme il l'a pris. Il doit alors retrancher quelque chose de ses lectures, ou les quitter même, s'il ne peut s'abstenir de la mauvaise habitude de citer des passages à tout moment. Il est évident en ce cas-là que sa science domine et gouverne son esprit, au lieu que son esprit devrait gouverner sa science[1].

Connaissant le goût de Perrault pour les beaux-arts on serait curieux de connaître l'intérieur de sa maison. On a supposé avec vraisemblance que jusqu'à sa mort Claude partagea son logis. On a même pensé qu'un recueil d'estampes, publié sous le titre de *Cabinet des Beaux-Arts*, pourrait bien

---

1. Cette note tirée des papiers de Charles Perrault a été publiée pour la première fois par Paul Bonnefon dans *Les dernières années de Charles Perrault* (*Revue d'histoire littéraire*, octobre-décembre 1906).

reproduire la décoration de la bibliothèque des
deux frères, dans la maison de la place de l'Estrapade,
car les tableaux de Coypel, de Corneille, Houasse,
La Fosse, etc... qui y sont gravés, et les gloses qui
les accompagnent, ne font qu'illustrer l'œuvre des
Perrault. Si cet ensemble ne fut jamais réalisé, il
faut du moins recueillir dans le *Cabinet des Beaux-
Arts* ce juste et délicat hommage de Claude Perrault aux graveurs de son temps : « Il y a peu
d'arts qui dans ce siècle se soient autant perfec-
tionnés que la gravure. Aujourd'hui la gravure se
varie en autant de manières qu'il y a d'objets différents. Elle a des touches de burin pour en représenter la mollesse, la dureté, la fluidité, la rondeur,
l'épaisseur et jusqu'aux couleurs mêmes les moins
sensibles, quoiqu'elle n'ait que du blanc et du
noir[1]. »

La vie de famille où il s'est retranché, n'empêche
pas Charles Perrault d'accomplir avec une régularité exemplaire ses devoirs d'académicien. Il se
souvient du rôle qu'il a joué, au temps de Colbert,
dans la réforme de la compagnie, et il réserve à ses
confrères la première lecture de ses nouveaux
poèmes, car il rime jusqu'au trépas.

Il rime une épopée chrétienne en quatre chants

---

1. *Le Cabinet des Beaux-Arts ou Recueil des plus belles estampes gravées d'après les tableaux originaux et où les Beaux-Arts sont représentés
avec l'explication de ces mêmes tableaux* par M. Perrault de l'Académie
des Sciences. A Paris, chez G. Edelinck (1693, c'est-à-dire cinq ans
après la mort de Claude Perrault).

et dix-sept cents vers : *Adam ou la Création du monde;* il rime un *Triomphe de sainte Geneviève,* il traduit en vers français les odes et les hymnes des poètes latins de son temps. De ce fatras je voudrais seulement sauver quelques vers extraits d'une « idylle » qu'il a adressée à M. de La Quintinie, auteur de l'*Instruction des jardins fruitiers et potagers.* C'était un délicieux bonhomme que ce La Quintinie, avocat-jardinier; son gros bouquin est d'une lecture savoureuse, et, dans l'admirable verger qu'il dessina pour le roi, il est encore agréable de se réciter ces vers :

Quand suivi de sa cour et couronné de gloire,
Louis en descendant du char de la Victoire,
Viendra se délasser, après mille dangers,
*Dans les longs promenoirs de ses riches vergers,*
Il faut que de beaux fruits en tout temps soient couvertes
De tels arbres féconds les branches toujours vertes.
Pour qu'en toutes saisons, suivi de ses guerriers,
Dans le beau champ de Mars, il cueille des lauriers.

Et ceux-ci encore :

Mais quand au renouveau la diligente Aurore
Redorait dans nos prés les richesses de Flore,
Quand aux jours les plus chauds on voyait dans les champs
Rouler sous les zéphirs les sillons ondoyants,
Ou quand sur les coteaux, le vigoureux automne
Étalait les raisins dont Bacchus se couronne,
Quel plaisir fut de voir les jardins pleins de fruits,
Cultivés par sa main, par ses ordres conduits,

De voir les grands vergers du superbe Versailles,
Ses fertiles carrés, ses fertiles murailles,
Où d'un soin sans égal Pomone tous les ans
Elle-même attachait ses plus riches présens.
Là brillait le teint vif des pêches empourprées,
Ici le riche émail des prunes diaprées,
Là des rouges pavis le duvet délicat,
Ici le jaune ambré du roussâtre muscat;
Tous fruits dont l'œil sans cesse admirait l'abondance,
La beauté, la grosseur, la discrète ordonnance.

Il ne faudrait pas non plus négliger la traduction que fit Perrault des fables de Gabriel Faërne, et qu'il destinait aux enfants des gentilshommes sans fortune pour lesquels les deux frères Dangeau avaient créé une maison d'éducation. Il mit dans ces apologues un peu secs un tour de naïveté aimable qui ne va pas sans charme. D'ailleurs, il ne voulait pas que l'on comparât ses fables à celles de La Fontaine. « Les nôtres, disait-il modestement, ressemblent à un habit d'une bonne étoffe, bien taillée et bien cousue, mais simple et tout unie; les siennes ont quelque chose de plus, et il ajoute une riche et fine broderie qui en relève le prix infiniment. »

Enfin une pièce charmante, la plus agréable qu'il ait écrite, à notre gré, nous montre que ce vieux Parisien avait, comme tant d'autres citadins, le goût le plus vif des choses de la campagne. Les Perrault, nous l'avons vu, possédaient sur le coteau de l'Orge une maison qu'ils avaient embellie de toutes les manières. Charles aimait cette demeure qu'entouraient de beaux ombrages. « La passion des maisons des champs, disait-il, est une des plus fortes qu'il y ait[1].» Cette passion, il l'avait contentée à Viry. Or en ce temps-là le village de Viry, à quatre lieues de Paris, c'était déjà la campagne avec son repos, son silence, sa grâce un peu sauvage. Il faisait aussi de nombreux séjours près de Troyes au manoir de Rosières, chez les Guichon, les parents de sa femme. Dans un léger repli de la plaine champenoise s'élevait un petit château à la mine féodale, entouré de douves et muni d'un pont-levis. Du côté du jardin, un perron franchissait le fossé ; au delà du parterre s'étendait un tout petit parc, dessiné à ravir : une étoile, six allées ombreuses et deux salles pour le bal champêtre, l'une où la lumière pénétrait à flots, l'autre plus sombre sous une voûte de verdure. La retraite n'était pas austère : le château des Guichon était voisin du château des Cours, où Raymond des Cours, frère d'un fermier général, recevait la fleur de la société troyenne et d'illustres Parisiens, comme Fontenelle, le P. Bouhours, Jean de La Fontaine. (Il existe encore dans le parc des Cours un très vieux chêne sous lequel, dit-on, le fabuliste venait rêver.)

1. *Pensées chrétiennes et pensées morales, physiques, métaphysiques et autres qui regardent la philosophie.* B. N. mss. (ancien fonds français) 25 575.

Claude et Charles se rendaient souvent à Rosières[1]. Le premier s'occupait de restaurer les vieux bâtiments et d'en élever de nouveaux; peut-être a-t-il dessiné le jardin que, naturellement, on attribue à Le Nôtre. Quant à Charles, là comme partout, il faisait des vers; il en faisait sur la chasse, dont il dépeignait les agréments et les déboires, en homme qui goûtait peu ce divertissement; il en faisait aussi sur la beauté de la campagne, et dans ceux-là il mettait, en même temps qu'une pieuse mais regrettable fidélité aux muses de sa jeunesse, une vivacité d'impressions trop rare dans ses autres poèmes, même une sorte de lyrisme religieux à peu près inconnu des poètes de son temps. C'était à l'Académie française qu'il adressait « un compte fidèle » de ses loisirs à Rosières,

> Dans le beau climat où la Seine
> N'est encor qu'un jeune ruisseau
> Qui parmi les prés se promène
> Et les embellit de son eau;
> Dont les campagnes fortunées
> Se couvrent toutes les années
> Des plus abondantes moissons,
> Et dont les brûlantes collines
> Donnent aux cabanes voisines
> La plus exquise des boissons.

1. Appendice XII.

Quand l'astre du jour se rallume
Et que sur le haut des sillons
J'aperçois la terre qui fume
Au premier feu de ses rayons;
Lorsque cette vapeur grossière
Se confond avec la lumière,
Il me semble voir un encens,
Qui, des plaines montant par ondes,
Vers le ciel qui les rend fécondes
Lui porte leurs vœux innocents.

Les habitants des forêts sombres,
De mille couleurs émaillés,
Aussitôt qu'en chassant les ombres
L'Aurore les a réveillés,
Ne cessent par reconnaissance
De chanter sa magnificence
Et de l'en faire souvenir
Par la beauté de leur plumage
Et par la douceur du ramage
Qu'il leur donne pour le bénir.

Ici les sillons reverdissent
Des grains qu'ils retenaient cachés;
Plus loin j'en vois qui se nourrissent
Sous le soc qui les a tranchés;
De tous côtés, les granges pleines
De la riche toison des plaines
*Rendent cette agréable odeur*
*Qu'au frais d'une belle soirée*
*Exhale la moisson dorée*
*D'un champ qu'a béni le Seigneur.*

## II. — LES CONTES EN VERS

C'est ce charmant vieillard, ami des champs et de la retraite qui, pour son amusement et celui des enfants, va composer de petits récits familiers et merveilleux où il a mis, sans le savoir, plus de poésie et d'observation, plus de lui-même et de son temps qu'en tous ses poèmes et toutes ses dissertations.

Sans le savoir ! C'est là un miracle que nul n'expliquera s'il ne croit au pouvoir des bonnes fées. Comment, après avoir pratiqué tous les artifices de la littérature la plus artificielle qui fut jamais, manœuvré — sans maladresse — à travers les intrigues de la cour et des bureaux, connu les manigances du tripot académique et les fureurs des cabales littéraires, essuyé les mauvaises humeurs de Colbert et les injures de Boileau, Perrault a-t-il pu garder une âme assez candide, une imagination assez fraîche pour narrer aux petits enfants les aventures de Cendrillon ou celles du Petit Poucet ?

Le premier recueil que publia Perrault contenait trois contes en vers : *Griselidis*, *Peau d'âne* et *les Souhaits ridicules*. Laissons *Griselidis*, imitation froidement versifiée d'une célèbre nouvelle de Boccace, et qui n'a rien d'un conte de fées. Nous pouvons aussi négliger *les Souhaits ridicules :* c'est un conte assez lestement tourné, et il y a un singulier accent de vérité dans les propos du bûcheron et de la bûcheronne devant l'âtre de leur triste logis, mais la grosse farce villageoise qui fait le sujet de la fable, est par trop dénuée d'agrément.

*Peau d'âne* est le premier en date des contes de fées composés par Perrault. Ce serait peut-être le plus charmant, s'il n'était en vers. Le vers libre de *Peau d'âne* présente çà et là un naturel et une grâce inattendus, mais jamais il n'a la divine souplesse du vers libre de La Fontaine où la mesure se modifie selon les mouvements de la pensée et les nuances du tableau. Perrault, bien qu'il eût enfin découvert le genre conforme à son naïf génie, ne pouvait écrire dix vers sans écouter la voix du démon qui, depuis le collège, lui avait soufflé tant de poèmes sans force ni beauté. (Cela d'ailleurs n'excuse en rien le scribe inconnu qui s'est un jour avisé de mettre *Peau d'âne* en prose, misérable version qui, dans nombre d'éditions, a été substituée à l'original.)

Il y a dans *Peau d'âne* de jolis épisodes, comme l'arrivée de la princesse dans la métairie où elle se réfugie pour échapper à la passion incestueuse de son père :

Elle alla donc bien loin, bien loin, encor plus loin ;
Enfin elle arriva dans une métairie

Où la fermière avait besoin
D'une souillon dont l'industrie
Allât jusqu'à savoir bien laver les torchons
Et nettoyer l'auge aux cochons.
On la met dans un coin au fond de la cuisine
Où les valets, insolente vermine,
Ne faisaient que la tirailler,
La contredire et la railler.
Ils ne savaient quelle pièce lui faire
La harcelant à tout propos;
Elle était la butte ordinaire
De tous leurs quolibets et de tous leurs bons mots.
J'oubliais de dire en passant
Qu'en cette grande métairie,
D'un roi magnifique et puissant
Se faisait la ménagerie;
Que là, poules de Barbarie,
Râles, pintades, cannepetières,
Et mille autres oiseaux de bizarres manières,
Entre eux presque tous différents,
Remplissaient à l'envi dix cours toutes entières.
Le fils du roi, dans ce charmant séjour,
Venait souvent, au retour de la chasse,
Se reposer, boire à la glace
Avec les Seigneurs de sa cour.


Et le cortège des rois, conviés aux noces de Peau
d'âne :


Pour l'hymen aussitôt chacun prit ses mesures.
Le monarque en pria tous les rois d'alentour,
Qui tous, brillants de diverses parures,
Quittèrent leurs États pour être à ce grand jour.

On en vit arriver des climats de l'Aurore,
> Montés sur de grands éléphants ;
> Il en vint du rivage more
> Qui, plus noirs et plus laids encore,
> Faisaient peur aux petits enfants.
> Enfin de tous les coins du monde
Il en débarque et la cour en abonde.

Malheureusement tout le conte n'est pas de la même veine. Souvent la versification alanguit le récit et se prête mal à la railleuse bonhomie du conteur.

## III. — LES CONTES EN PROSE

Les contes en prose parurent d'abord dans le *Mercure de France* ; ils furent réunis, en 1697, dans un petit volume, format in-12, de 230 pages. C'est avec ce modeste bagage que Charles Perrault est passé à la postérité.

Examinons un des exemplaires rarissimes de cette première édition. Le livre a été publié chez Claude Barbin, « sur le second péron (*sic*) de la Sainte-Chapelle » sous ce titre : *Histoires et contes du temps passé*. Dès l'abord, nous sommes frappés de sa pauvre apparence. Comme frontispice, une gravure signée Clouzier représente une vieille paysanne qui tout en filant fait un conte ; deux garçons et une jeune demoiselle l'écoutent avec

FRONTISPICE DE LA PREMIÈRE ÉDITION
DES CONTES DE PERRAULT

attention; une chandelle éclaire la scène; un gros chat ronronne devant l'âtre. Cette composition est assez grossière. Plus médiocres encore les petites vignettes qui précèdent chacun des contes; on les dirait tirées d'un almanach. Quand on a vu les dessins délicats que Perrault a demandés à Sébastien Le Clerc pour ses autres ouvrages et qu'on sait avec quel soin il fit éditer ses poèmes, on se dit qu'il dut attacher peu d'importance à ses contes.

Autre remarque : le nom de Charles Perrault ne paraît ni dans le titre ni ailleurs. Le privilège est accordé à Pierre Darmancour, et c'est ce même Darmancour qui signe la dédicace du livre à S. A. R. Charlotte d'Orléans, sœur du duc de Chartres. Or Pierre Darmancour est le troisième des fils de Perrault; il avait alors dix-neuf ans.

On s'explique sans peine pourquoi Perrault accepta pour ses contes une édition aussi défectueuse et refusa de s'en reconnaître publiquement l'auteur. Ces histoires de nourrices lui paraissaient une sorte d'amusement domestique, indigne d'un académicien. Comment celui qui avait chanté saint Paulin et la Création du monde, comment l'apologiste du *Siècle de Louis le Grand* aurait-il pu sans déchoir s'avouer l'auteur du *Petit Chaperon Rouge*? Il avait consenti à publier sous son nom *Peau d'âne*, *Griselidis*, *les Souhaits ridicules*; mais ces contes étaient en vers, et la rime ennoblissait tout. Le conte en vers était un genre classé, consacré par de grands poètes. Tout novateur qu'il fût, Perrault avait appris, à ses dépens, qu'il ne faut pas heurter de front les préjugés du public et des critiques; il imagina un innocent artifice pour se faire pardonner sa dernière fantaisie.

Les contemporains n'en furent pas dupes. Dans une de ses lettres à Bayle, l'abbé Dubos, parfaitement informé de la littérature de son temps, attribue les contes à Perrault. Deux ans après la publication, dans ses *Entretiens sur les Contes de fées et sur quelques autres ouvrages du temps pour servir de préservatif contre le mauvais goût, dédié à Messieurs de l'Académie française*, l'abbé de Villiers met en scène un provincial et un parisien. Le provincial fait allusion aux Contes « que l'on attribue au fils d'un célèbre académicien ». Mais l'autre qui, en sa qualité de parisien, est mieux renseigné : « Quelque estime, dit-il, que j'aie pour le fils de l'académicien dont vous me parlez, j'ai peine à croire que le père n'ait pas mis la main à son ouvrage. » On pourrait citer bien d'autres témoignages. Depuis, les contes ont été vingt fois réimprimés sous le nom de Perrault.

Ce fut seulement deux siècles plus tard qu'on s'avisa de prendre au sérieux les mentions de l'édition primitive et de restituer au jeune Pierre Darmancour la gloire d'avoir écrit les contes[1]. On con-

---

1. Voir sur ce sujet un article de Marty-Lavaux (*Revue d'his-tire littéraire*, 15 avril 1900). Il réduit à presque rien la part de Per-

cède que Perrault a revisé la rédaction de son fils, mais ce fut, ajoute-t-on, pour en altérer la grâce prime-sautière. Bref, on ne lui laisse que les *moralités* placées à la fin de chaque récit, c'est-à-dire la partie la plus faible, la plus caduque de l'ouvrage.

Il est difficile de savoir comment les contes furent composés. Perrault tenait ces fables très anciennes soit de sa mère, soit d'une nourrice, d'une *mie*, comme l'on disait alors. Que lui-même les ait répétés à ses enfants, on n'en peut guère douter en lisant la préface de ses *Contes en vers* :

N'est-ce pas louable à des pères et à des mères, lorsque les enfants ne sont pas encore capables de goûter les vérités solides et dénuées de tout agrément, de les leur faire aimer, et si cela se peut dire, de les leur faire avaler en les enveloppant dans des récits agréables et proportionnés à la faiblesse de leur âge ? Il n'est pas croyable avec quelle avidité ces âmes innocentes, et dont rien n'a encore corrompu la droiture naturelle, reçoivent ces instructions cachées ; on les voit dans la tristesse et l'abattement tant que le héros ou l'héroïne du conte sont dans le malheur, et s'écrier de joie quand le temps de leur bonheur arrive ; de même qu'après avoir souffert impatiemment la prospérité du méchant ou de la méchante, ils sont ravis de les voir enfin punis comme ils le méritent.

rault dans la rédaction des « Histoires du temps passé ». Voir aussi *Les Dernières années de Charles Perrault* par Paul Bonnefon, dans le sens contraire (*Revue d'histoire littéraire* ; octobre-décembre 1906).

Cette petite scène enfantine est prise sur le vif.
Peut-être le fils de Perrault a-t-il, de souvenir,
transcrit quelques-uns des récits de son père. Mais
le texte, qui fut publié en 1697, est bel et bien l'ouvrage de Perrault lui-même.

N'aurions-nous pas les contemporains pour nous
le certifier, comment en pourrions-nous douter?

Perrault, nous l'avons vu, ne fut pas un grand
poète, mais tels fragments de ses *Mémoires*, comme
l'examen nocturne des trois licenciés de l'Université d'Orléans, le récit des tribulations d'un can-
didat à l'Académie, la visite de Colbert au jardin
des Tuileries, nous ont permis de goûter la vivacité de son style qui, indécis et relâché dans les vers,
se ramasse et se maîtrise dans la prose. On a lu le
joli apologue qui précède le *Dialogue de l'amour
et de l'amitié*, œuvre de sa jeunesse. Et toujours,
même dans ses vers, quel art de conter! C'est de
cette veine que sont sortis les contes de fées. Jamais
encore Perrault n'avait pu montrer l'originalité de son
talent, faute d'avoir trouvé le genre auquel convînt
sa malicieuse naïveté. Un jour advint l'heureuse
rencontre, et naquit le chef-d'œuvre.

C'est un grand abus, dit-on, de prononcer le mot
de chef-d'œuvre à propos de la transcription plus
ou moins ingénieuse d'un conte de nourrice. Répon-
dons par ces lignes de La Fontaine dans sa préface
de *Psyché* : « Apulée me fournissait la matière; il

ne me restait que la forme, c'est-à-dire des paroles, et d'amener la prose à quelque point de perfection. il ne semble pas que ce soit une chose fort mal aisée : c'est la langue naturelle de tous les hommes. Avec cela je confesse qu'elle me coûta autant que les vers, que, si jamais elle m'a coûté, c'est dans cet ouvrage. » Si l'on devait tenir compte de l'invention, que resterait-il de toute notre littérature classique? Est-ce que Corneille a inventé *le Cid*, Molière *Amphitryon*, Racine *Athalie*, La Fontaine ses fables? En vérité chacun prend son bien où il le trouve; la forme seule importe. Si Perrault ne les avait contés, qui saurait les aventures du Petit Poucet et les bons tours du maître Chat?

L'art, grâce auquel Perrault fit siennes les « histoires du temps passé », ce fut de tout simplifier, tout abréger, tout composer. Comme il s'adressait à des enfants, il devait, pour captiver leur attention si facilement distraite, réduire son récit à l'essentiel, supprimer redites, longueurs et digressions. Jamais à son gré la narration n'était assez vive, assez rapide. Quand on compare au texte définitif la première version de *la Belle au Bois dormant* publiée dans le *Mercure de France*, on voit le travail de retouche et de rature, surtout de rature, auquel se livrait Perrault pour émonder son ouvrage, le débarrasser des détails superflus, l'amener, comme disait La Fontaine, « à quelque point de perfection ».

La merveille est que cette concision va toujours

sans sécheresse. Rien n'est sacrifié des parties vivantes du conte, de celles qui forment scène ou tableau.

Les scènes sont réduites à quelques paroles et à quelques gestes; mais quelle vérité dans ces légers croquis, dans ces menus dialogues!

Les deux sœurs de Cendrillon, invitées au bal, choisissent leurs toilettes, se parent et s'attifent, sous les yeux de la pauvre fille :

Les voilà bien aises et bien occupées à choisir les coiffures qui leur siéraient le mieux. Nouvelles peines pour Cendrillon ; car c'était elle qui repassait le linge de ses sœurs et qui godronnait leurs manchettes. On ne parlait que de la manière dont on s'habillerait. « Moi, dit l'aînée, je mettrai mon habit de velours rouge et ma garniture d'Angleterre. — Moi, dit la cadette, je n'aurai que ma jupe ordinaire; mais, en récompense, je mettrai mon manteau à fleurs d'or, et ma barrière de diamants qui n'est pas des plus indifférentes. » On envoya quérir la bonne coiffeuse pour dresser les cornettes à deux rangs, et on fit acheter des mouches de la bonne faiseuse. Elles appelèrent Cendrillon pour lui demander son avis, car elle avait le goût bon. Cendrillon les conseilla le mieux du monde et s'offrit même à les coiffer, ce qu'elles voulurent bien.

En les coiffant, elles lui disaient : « Cendrillon, serais-tu bien aise d'aller au bal? — Hélas, mesdemoiselles, vous vous moquez de moi; ce n'est pas là ce qu'il me faut. — Tu as raison, on rirait bien si l'on voyait *un Cucendron* aller au bal. »

Une autre que Cendrillon les aurait coiffées de travers;

mais elle était bonne et les coiffa parfaitement bien. Elles furent deux jours sans manger, tant elles étaient transportées de joie. On rompit plus de douze lacets, à force de les serrer pour leur rendre la taille plus menue, et elles étaient toujours devant le miroir...

Il faut suivre cette scène phrase par phrase : pas un trait qui ne peigne la coquetterie des deux pécores, la grâce et la gentillesse de Cendrillon.

Autre scène qui a fait battre le cœur de bien des enfants : elle est, celle-là, si adroitement conduite que le plus ingénieux des dramaturges n'inventerait rien de plus touchant. En suivant, à travers la forêt, le chemin marqué par les cailloux blancs qu'il a laissés tomber, le petit Poucet a ramené ses frères jusqu'à la cabane de leurs parents.

Ils n'osèrent d'abord entrer, mais ils se mirent tous contre la porte, pour écouter ce que disaient leur père et leur mère.

Ici le conteur revient en arrière pour expliquer ce qu'entendaient les petites oreilles collées contre la porte.

Dans le moment que le bûcheron et la bûcheronne arrivèrent chez eux, le seigneur du village leur envoya dix écus, qu'il leur devait, il y avait longtemps, et dont ils n'espéraient plus rien. Cela leur redonna la vie, car les pauvres gens mouraient de faim. Le bûcheron envoya sur l'heure sa femme à la boucherie. Comme il y avait longtemps qu'elle n'avait mangé, elle acheta trois fois

plus de viande qu'il n'en fallait pour le souper de deux
personnes. Lorsqu'ils furent rassasiés, la bûcheronne dit :
« Hélas ! où sont maintenant mes pauvres enfants ? Ils
feraient bonne chère de ce qui nous est resté là. Mais
aussi, Guillaume, c'est toi qui les as voulu perdre ; j'avais
bien dit que nous nous en repentirions. Que font-ils
maintenant dans cette forêt ! Hélas ! mon Dieu ! les loups
les ont peut-être déjà mangés ! Tu es bien inhumain
d'avoir ainsi perdu les enfants ! »

Le bûcheron s'impatienta à la fin, car elle redit plus de
vingt fois qu'ils s'en repentiraient et qu'elle l'avait bien
dit. Il la menaça de la battre, si elle ne se taisait. Ce n'est
pas que le bûcheron ne fût peut-être encore plus fâché
que sa femme ; mais c'est qu'elle lui rompait la tête, et
qu'il était de l'humeur de beaucoup d'autres gens qui
aiment fort les femmes qui disent bien, mais qui trouvent
très importunes celles qui ont toujours bien dit.

La bûcheronne était tout en pleurs : « Hélas ! où sont
maintenant mes enfants, mes pauvres enfants ? » Elle le
dit une fois si haut que les enfants qui étaient à la porte,
l'ayant entendue, se mirent à crier tous ensemble :
« Nous voilà ! Nous voilà ! » Elle courut vite leur ouvrir
la porte, et leur dit en les embrassant : « Que je suis aise
de vous revoir, mes chers enfants ! Vous êtes bien las, et
vous avez bien faim ; et toi, Pierrot, comme te voilà
crotté, viens que je te débarbouille. » Ce Pierrot était
son fils aîné qu'elle aimait plus que tous les autres, parce
qu'il était un peu rousseau et qu'elle était un peu rousse.

Ils se mirent à table et mangèrent d'un appétit qui
faisait plaisir au père et à la mère, à qui ils racontaient la
peur qu'ils avaient eue dans la forêt en parlant presque
tous ensemble.

On ne peut lire le *Petit Poucet* sans être émerveillé de l'aisance avec laquelle se déroulent les péripéties de cet admirable roman-feuilleton dont J.-J. Weiss disait : « Quand on a fini de le lire, il semble — tant il est rempli sans surcharges — qu'on ait passé par plus d'aventures qu'en lisant *les Trois Mousquetaires* et *Monte-Cristo*. »

Perrault décrit comme il conte : même rapidité, même vérité. Les tableaux ne sont pas là pour illustrer le récit, ils sont le récit même. Le plus fameux est la peinture du château enchanté où un prince vient, au bout de cent ans, réveiller la princesse endormie. La féerie est tempérée d'un peu de goguenardise; de plaisants détails se mêlent aux inventions fabuleuses. Aucun morceau ne donne une idée plus parfaite de l'esprit et du goût de Charles Perrault.

(Le prince) entra dans une grande avant-cour où tout ce qu'il vit d'abord était capable de le glacer de crainte. C'était un silence affreux; l'image de la mort s'y présentait partout, et ce n'étaient que des corps étendus d'hommes et d'animaux qui paraissaient morts. Il reconnut pourtant bien au nez bourgeonné et à la face vermeille des suisses qu'ils n'étaient qu'endormis; et leurs tasses, où il y avait encore quelques gouttes de vin, montraient assez qu'ils s'étaient endormis en buvant.

Il passa une grande cour pavée de marbre; il monta l'escalier; il entra dans la salle des gardes qui étaient rangés en haie, la carabine sur l'épaule et ronflant de leur mieux. Il traversa plusieurs chambres pleines de gentilshommes et de dames, dormant tous, les uns debout, les autres assis. Il entra dans une chambre toute dorée, et il vit sur un lit dont les rideaux étaient ouverts de tous côtés, le plus beau spectacle qu'il eût jamais vu : une princesse qui paraissait avoir quinze ou seize ans, et dont l'éclat resplendissant avait quelque chose de lumineux et de divin. Il s'approcha en tremblant et en admirant, et se mit à genoux auprès d'elle.

Alors, comme la fin de l'enchantement était venu, la princesse s'éveilla, et le regardant avec des yeux plus tendres qu'une première vue ne semblait le permettre : « Est-ce vous, mon prince, lui dit-elle; vous vous êtes bien fait attendre. »

On nous pardonnera d'avoir transcrit ici ces quelques pages de Perrault. Tout le monde a lu les contes et se les rappelle, — peut-être un peu déformés par le souvenir, soit des images d'Épinal, soit des compositions romantiques de Gustave Doré; mais tout le monde ne les a pas relus à l'âge où l'on peut goûter la saveur précieuse et délicate de ces rêveries d'un bourgeois lettré du XVII<sup>e</sup> siècle.

## IV. — PERRAULT ET LA TRADITION POPULAIRE

Où Perrault a-t-il puisé ces « histoires du temps passé »? *Contes de ma mère Loye* est-il écrit au frontispice de la première édition. Des savants affir-

ment que ma mère Loye ne serait autre que Berthe
au pied d'oie, la reine Pédauque dont on voit souvent l'image sculptée au portail de nos vieilles
églises, et qu'il faudrait identifier avec sainte Clo-
tilde selon Mabillon, avec la reine de Saba selon
l'abbé Lebeuf, avec la déesse Freya, disent des
mythologues allemands.

Tout cela eût beaucoup étonné Perrault.

Sa surprise eût redoublé, si quelqu'un lui eût dit
que ses contes venaient du bout du monde et du
fond des âges ; que les uns avaient émigré de l'Asie
centrale avec la race aryenne, et que les autres,
nés dans l'Inde, avaient été transmis à l'Europe
par les Arabes ou les Persans ; que tous avaient été
imaginés pour expliquer les grands phénomènes de
la nature ; que *Peau d'âne, Cendrillon, Riquet à
la houppe* et *le Petit Chaperon rouge* étaient des
mythes solaires ; que l'aventure de *la Belle au
Bois dormant* figurait l'alternance des saisons ; et
que la petite chienne Pouffe endormie auprès de la
princesse par le coup de baguette de la fée, était
simplement Sirius, gardien des étoiles ; qu'en inter-
prétant congrument les traditions germaniques, hel-
léniques et slaves, il était facile de « rattacher *le
Petit Poucet* à la grande Ourse et de faire remonter
les plus anciens traits de la légende du petit bou-
vier céleste à l'époque où l'on ne se représentait
encore les sept étoiles du Nord que comme sept
grands bœufs errant dans le champ du ciel » —

interprétations cosmiques qu'un autre exégète a, d'ailleurs, réduites à néant pour démontrer que tous les contes de tous les temps et de tous les pays reproduisent des liturgies primitives et d'antiques rituels d'initiation !

Ma mère Loye ignorait assurément ces belles choses ; Perrault ne les connaissait pas davantage. Il n'avait même pas lu les versions italiennes que Straparole et Giambattista avaient données de certains contes, et que des critiques ont, depuis, signalées. Il a tout puisé dans la tradition orale. « Il a, dit Sainte-Beuve, bu à la source, dans le creux de sa main. » Ajoutons avec Sainte-Beuve : « C'est tout ce que nous lui demandons. »

Il a su conserver à ces contes la grâce ingénue et fraîche qu'ils tenaient de leur origine populaire. C'est par là qu'ils ont eu tant prise sur l'imagination des enfants. Écoutez les propos des personnages. Les princes et les princesses parlent, comme on parlait à Versailles ; nous reviendrons sur cet agréable anachronisme. Mais il y a aussi des paysans et des gens du peuple, et leur langage a conservé la saveur du parler populaire : aucune affectation de réalisme ; ni jargon ni baragouin, mais l'expression la plus naturelle, la plus naïve. Nous avons cité la conversation du bûcheron et de la bûcheronne.

La langue de Perrault s'émaille d'expressions vieillies et de locutions familières aux campagnards ou aux artisans, qu'on chercherait en vain dans les lexiques du temps. La mère du Petit Chaperon rouge a *cuit*, ce qui veut dire qu'elle a allumé le four à pain. *Tirez la bobinette et la chevillette cherra*, crie la mère-grand lorsqu'on heurte à sa porte. Le petit Chaperon rouge pose son pot de beurre sur la *huche*. Le bûcheron des *Souhaits ridicules* jette sa *falourde* sur son dos. Le Petit Poucet se cache sous l'*escabelle* de son père; lui et ses frères vont *fagoter* dans la forêt. L'ogre jette une *potée d'eau* dans le nez de sa femme pour la faire revenir de son évanouissement, et chez cet amateur de chair fraîche, on ne parle, comme chez le boucher, que de *mortifier* la viande ou de *l'habiller*. Peau d'Ane fait *bluter* la farine; elle est plus *gaupe* que le plus sale marmiton. Cendrillon *godronne* les manchettes de ses sœurs. Ma sœur Anne ne voit que la route qui *poudroie* et l'herbe qui *verdoie*... Mots désuets dont La Bruyère regrettait la proscription, et dont quelques-uns sont rentrés dans l'usage, peut-être grâce à Perrault; termes de métier qui n'avaient plus cours en littérature; expressions dédaignées ou perdues, le conteur les a reçues des nourrices et des mères. D'ailleurs il les retrouvait encore vivantes chez les campagnards à Viry, à Rosières, ou bien chez les ouvriers auxquels il se mêlait sur les chantiers, du temps qu'il contrôlait les bâtiments du roi.

Le mouvement même du récit trahit l'origine de la fable. Les répétitions, si fréquentes dans la poésie populaire où elles servent à augmenter le comique ou le tragique d'une aventure, nous les retrouvons dans le conte de Perrault. C'est le terrible dialogue du loup et du petit Chaperon rouge : « Ma mère-grand, que vous avez de grands bras! — C'est pour mieux t'embrasser, ma fille. — Ma mère-grand, que vous avez de grandes jambes! — C'est pour mieux courir, mon enfant. — Ma mère-grand, que vous avez de grandes oreilles! — C'est pour mieux écouter, mon enfant. — Ma mère-grand, que vous avez de grands yeux! — C'est pour mieux te voir, mon enfant. — Ma mère-grand, que vous avez de grandes dents ! — C'est pour mieux te manger. Et en disant ces mots ce méchant loup se jeta sur le petit Chaperon rouge et le mangea. » C'est, dans le *Chat botté*, le nom sonore et magnifique du marquis de Carabas revenant à chaque épisode, et là menace que le maître Chat répète aux moissonneurs et aux faucheurs : « Vous serez tous hachés menu comme chair à pâté. » C'est la question que par trois fois la femme de Barbe-Bleue adresse à sa sœur : « Anne, ma sœur Anne, ne vois-tu rien venir ? » Ces sortes de refrains rythment le dialogue et lui donnent le lyrisme d'une chanson.

Voilà tous les legs de la tradition. Perrault se les approprie en mêlant à la fable populaire les fantaisies de son esprit et les images de son temps.

Il aime la campagne et le fait bien voir dans ses

contes. Il ne s'attarde pas à décrire, le pittoresque ralentirait le drame. Quelques mots lui suffisent pour évoquer le lieu de la scène. Qui ne reconnaîtrait le chemin creux où lambine le petit Chaperon rouge ? « La petite fille s'en alla par le chemin le plus long, s'amusant à cueillir des noisettes, à courir après les papillons et à faire des bouquets des petites fleurs qu'elle rencontrait. » Voyez le théâtre des exploits du Chat botté : une garenne, une petite rivière, des prés et des champs de blé où de « bonnes gens » fauchent et moissonnent, un grand château carré, bien bâti, et dont un pont-levis franchit les douves, tout ce domaine du faux marquis de Carabas, c'est le paysage que Perrault avait sous les yeux lorsque, sur les rives de la Seine, il se promenait dans la campagne champenoise.

Tout Perrault est dans ses contes. On y découvre même les traces de cette préciosité qui, un demi-siècle auparavant, valait au jeune auteur les applaudissements de M^{lle} de Scudéry et la faveur de Fouquet, car il est plus facile aux fées de changer une citrouille en carrosse et des souris en chevaux gris pommelés que de rendre un vieux poète insensible aux prestiges qui ont enchanté sa jeunesse. De temps en temps, Perrault se divertit à soulever le voile légendaire et à laisser entendre que toutes ces merveilles ne sont pas si merveilleuses qu'elles en ont l'air ; qu'après tout on les pourrait expliquer très simplement, pour peu que l'on consultât la Carte du

Tendre. Quand Peau d'âne laisse tomber son anneau dans la pâte du gâteau destiné au fils du roi, Perrault se demande si le hasard fit tous les frais de l'heureuse aventure :

Mais ceux qu'on tient savoir la fin de cette histoire,
Assurent que par elle exprès il y fut mis ;
Et pour moi, franchement, je l'oserais bien croire,
Fort sûr que, quand le prince à sa porte aborda,
    Et par le trou la regarda,
    Elle s'en était aperçue.
    Sur ce point la femme est si drue
    Et son œil va si promptement
    Qu'on ne peut la voir un moment
    Qu'elle ne sache qu'on l'a vue.

Ici les vers alourdissent un peu la gentille malice de Perrault, mais la prose va lui rendre toute son aisance, toute sa finesse, quand il s'agira d'expliquer la métamorphose de Riquet à la houppe. La princesse tient d'une fée le pouvoir de donner la beauté à qui lui plaira, et elle fait ainsi du disgracieux Riquet à la Houppe le plus aimable des cavaliers.

Quelques-uns assurent que ce ne furent point les charmes de la fée qui opérèrent, mais que l'amour seul fit cette métamorphose. Ils disent que la princesse, ayant fait réflexion sur la persévérance de son amant, sur sa discrétion et sur toutes les bonnes qualités de son âme et de son esprit, ne vit plus la difformité de son corps ni la laideur de son visage ; que sa bosse ne lui sembla plus que le bon air d'un homme qui fait le gros dos, et qu'au lieu que jusqu'alors elle l'avait vu boiter effroyablement, elle ne lui trouva plus qu'un certain air penché qui la charmait. Ils disent encore que ses yeux, qui étaient louches, ne lui en parurent que plus brillants ; que leur dérèglement passa dans son esprit pour la marque d'un violent excès d'amour, et qu'enfin son gros nez rouge eut pour elle quelque chose de martial et d'héroïque.

Ces galantes railleries pouvaient sembler un peu surannées à la fin du XVII^e siècle : elles étaient déjà à la mode de l'avant-veille. Elles nous ravissent aujourd'hui que deux siècles ont, sous une même patine, fondu les nuances, effacé les disparates.

Les contes ne portent pas seulement la marque des modes littéraires d'avant 1660. Perrault a sans scrupule ramené dans le présent ses histoires du temps passé ; il en a modernisé le décor, les mœurs et les costumes. Ce roi et cette reine qui, fâchés de n'avoir point d'enfants, vont « à toutes les eaux du monde » et recourent aux « vœux, pèlerinages, menues dévotions », ce sont Louis XIII et Anne d'Autriche. Regardez la foule qui peuple le château de la Belle au bois dormant, et qu'une fée a endormie en même temps que la princesse, « gouvernantes, filles d'honneur, femmes de chambre, gentils-hommes, officiers, maîtres d'hôtel, cuisiniers, marmitons, galopins, gardes, suisses, pages et valets de pied » : nous sommes à Versailles. Cette « grande cour pavée de marbre », cette chambre « toute dorée »,

ce « salon des miroirs » où l'on soupe au son des
violons et des hautbois, cette chapelle où le « grand
aumônier » célèbre le mariage des époux, cette
« dame d'honneur qui leur tire le rideau », tout cela,
c'est encore Versailles, la Cour de marbre, la
Chambre du roi, la Galerie des Glaces, et le cérémonial des noces royales. — Voulez-vous connaître
les modes de 1697? relisez *Cendrillon*. — La
femme de Barbe-Bleue a deux frères, l'un dragon
et l'autre mousquetaire ; au dénouement, elle leur
achète des charges de capitaine. — Ce sont des
personnages de Le Sage que ce maître Chat qui
« devient grand seigneur », et ce Petit Poucet qui
« achète des offices de nouvelle création pour son
père et ses frères ». — Il n'est point jusqu'aux
paysans qui ne soient de leur temps : ils ne ressemblent en rien aux bergers et aux bergères d'une
pastorale, nous les reconnaissons au passage, nous
les avons vus dans les tableaux des Le Nain.

« Ridicules anachronismes ! » ont proféré les
folkloristes, qui, non contents de porter un nom
sauvage, montrent parfois une humeur incommode.
Ils ont accusé Perrault de s'être livré à une véritable
parodie des vieilles légendes : il fait, disent-ils,
subir aux contes de fées le même traitement qu'aux
poèmes d'Homère et de Virgile, il les travestit et
les défigure ; il affuble d'oripeaux ridicules les êtres
nés de l'imagination du peuple ; c'est une profana-
tion.

LE PETIT POUCET

Vignette pour la première édition des

Contes de PERRAULT

LE CHAT BOTTÉ

Vignette pour la première édition des

Contes de PERRAULT

O folkloristes, ingénus et farouches folkloristes, qui allez de l'Islande au Gabon pour récolter toutes les variantes d'une tradition, vos patients travaux serviront peut-être à éclaircir l'histoire des races et des religions! Mais dites-nous pourquoi ces énormes bouquins où vous avez entassé tant de contes et de légendes, dorment un paisible sommeil, image de la mort, sur les rayons des bibliothèques, tandis que le petit livre de Perrault, déjà vieux de plus de deux siècles, est aussi vivant, encore plus vivant, que le jour où il parut à l'étalage de Claude Barbin, sur le perron de la Sainte-Chapelle.

Observez que Perrault éprouve pour ses fées une tendresse qu'il ne témoigne pas aux héros et aux poètes de l'antiquité. Il ne tente jamais de les ridiculiser; il les traite comme des contemporaines, et c'est un bel hommage qu'il leur rend, car il se fait de son siècle une idée magnifique. S'il représente les princes et les princesses de la légende sous les traits des personnages de son temps, c'est pour éveiller l'intérêt des enfants qui sont, à leur manière, de terribles réalistes. Quand il fait parler les fées et les ogres, les bêtes et les gens, comme on parlait en 1697, il suit l'exemple des poètes les plus illustres. Sans parler des singuliers Romains de Corneille, est-ce que les Grecs et les Hébreux de Racine ne laissent pas voir, dans leurs discours, leurs sentiments et leurs manières, qu'ils ont fréquenté à Versailles? Et tandis qu'on admire l'auteur de *Phèdre* et d'*Athalie* d'avoir transformé au gré de son génie Euripide et la Bible, on refuserait à l'humble Perrault la licence de conter à sa guise des histoires de nourrice dont le plus malin des folkloristes n'est pas capable de découvrir la véritable origine !

Deux siècles ont passé : ce qui était moderne au temps de Perrault est, à son tour, devenu légendaire. La même brume enveloppe les féeries du conte et celles dont Versailles fut le théâtre. L'âge des carrosses et des « cornettes à double rang », des mousquetaires et des bonshommes à perruques est, pour nous, presque aussi lointain que celui des ogres et des fées, des enchantements et des métamorphoses. Cela seul mériterait le respect des folkloristes.

Si Perrault n'avait commis ces délicieux anachronismes, s'il avait simplement transcrit ces petits récits tels qu'il les avait entendus, personne ne le lirait aujourd'hui, si ce n'est quelques érudits désireux de compléter leurs collections de variantes, et qui classeraient la version du Petit Poucet d'après Perrault entre une version malgache et une version polynésienne de la même histoire.

Perrault a, comme disent les musiciens, harmonisé des thèmes anciens sans rien leur enlever de leur charme et de leur accent. Son goût délicat l'a averti de la limite où commencerait la parodie, il ne l'a jamais dépassée. C'est pourquoi ses contes ont survécu à la multitude des ouvrages analogues parus dans le même temps. Durant les dernières années du XVII⁰ siècle et les premières du XVIII⁰, la mode fut aux contes de fées. Partout on était las des longs romans à la Scudéry, et le succès même de Perrault décida soudain toutes les femmes auteurs à contrefaire ma Mère Loye. M^{lle} Lhéritier, une cousine de Perrault[1], publia *Finette ou l'adroite princesse* que, malgré ses lenteurs et son affectation, des éditeurs n'ont pas hésité à joindre aux ouvrages du cousin. M^{lle} de la Force, la comtesse Murat cultivèrent le même genre. M^{me} d'Aulnoy, dont *la Belle aux cheveux d'or*, *la Chatte blanche*, *l'Oiseau bleu* ne sont pas encore sortis de toutes les mémoires, mit de la grâce et de l'adresse dans ses petites nouvelles féeriques, mais aussi quelles sentimentalités fades et troubadouresques ! Il faut avoir lu quelques-unes de ces productions pour sentir le prix d'un conte de Perrault, goûter cet air de naturel qui sauve ici le merveilleux de l'extravagance. Toutes ces femmes d'esprit se laissent aller à leur humeur salonnière et ne savent pas mêler dans une juste mesure jadis et aujourd'hui. Elles captent le courant de légendes qui a traversé le moyen âge et la Renaissance, elles l'emprisonnent dans un canal dont les eaux ne reflètent plus que des ifs taillés et des charmilles solennelles. Avec Perrault, le ruisseau conserve l'allure gentille

_______

1 Appendice XIII.

et capricieuse d'un bon petit ruisseau de l'Ile-de-France qui tantôt paresse sous les cressonnières, tantôt roule sur un lit de cailloux son flot clair où se mirent des saules.


## V. — PERRAULT ET LES MORALISTES


Les folkloristes n'ont pas été les seuls à malmener notre ami Perrault. Les moralistes s'en sont aussi mêlés, et ils ont presque accusé cet honnête homme de pervertir la jeunesse. Lui-même s'est offert à leurs coups lorsque, pour se faire pardonner la frivolité de ses contes, il a prétendu avec un peu trop d'insistance prouver leur utilité morale. Conteurs et poètes avaient autrefois l'habitude respectable, mais dangereuse, de vouloir enseigner la vertu. La Fontaine assurait que ses fables servaient à former « le jugement et les mœurs » et rendaient les hommes « capables de grandes actions. » Perrault qui, à la vérité, s'y connaissait en morale mieux que La Fontaine, réprouvait la licence des fables antiques, mais ajoutait :

Il n'en est pas de même des contes que nos aïeux ont inventés pour leurs enfants. Ils ne les ont pas contés avec l'élégance et les agréments dont les Grecs et les Romains ont orné leurs fables ; mais ils ont toujours eu grand soin que leurs contes renfermassent une morale louable et instructive. Partout la vertu y est récompensée et le vice y est puni. Ils tendent tous à faire voir l'avantage qu'il y a d'être honnête, patient, avisé, laborieux, obéissant et le mal qui arrive à ceux qui ne le sont pas.

Et, pour que personne ne s'y trompât, il fit suivre chaque conte de quelques vers où il tirait la morale de l'histoire.

On se passerait quelquefois des maximes que La Fontaine a cousues à ses apologues pour obéir à la loi du genre. Les moralités de Perrault ne sont pas seulement superflues ; galantes ou plaisantes, elles forment un contraste désagréable avec la fine bonhomie du récit. Quand on est sous le charme des aventures de la Belle au Bois dormant, il est cruel de lire ceci :

> Attendre quelque temps pour avoir un époux
> Riche, bien fait, galant et doux,
> La chose est assez naturelle ;
> Mais l'attendre cent ans et toujours en dormant,
> On ne trouve plus de femelle
> Qui dormît si tranquillement.

En vérité, comment les fables recueillies par Perrault pourraient-elles être des leçons de vertu ? Si l'on veut qu'à l'origine elles aient figuré des phénomènes naturels, comme le jour et la nuit, l'hiver et le printemps, elles n'ont rien à voir avec la morale. Mais prenons-les telles que Perrault les a trouvées dans la tradition populaire. Est-ce que dans ses proverbes et ses contes le peuple s'est jamais soucié de moraliser? Il tâche de se donner à lui-même le spectacle du monde, il y cherche un délassement, une consolation ou une revanche. Ce qu'on nomme la sagesse des nations n'est un code ni d'héroïsme ni de probité, c'est le manuel du savoir-faire.

Ces histoires dépourvues de morale, Perrault les a répétées en toute candeur. Parfois il voyait bien que ma mère Loye lançait ses personnages dans des aventures singulières, que le vice était souvent puni, mais que la vertu n'était pas toujours récompensée. Il avait bon cœur, il tâchait d'adoucir un peu l'amertume de la version populaire, mais il savait aussi qu'on n'amuse pas les petits enfants avec des apologues de sermonnaire et des images de sainteté.

Il est surtout deux contes, *le Petit Poucet* et *le Chat botté*, dont on peut difficilement dire qu'ils prêchent la morale.

C'est un bon garçon, brave et débrouillard, que le Petit Poucet. On lui pardonne de faire égorger par leur père les sept petites ogresses : c'est sa seule ressource s'il veut échapper à la mort et sauver ses frères. Il vole les bottes de l'ogre endormi : Perrault l'excuse en remarquant que l'ogre ne se servait de ses bottes que pour courir après les petits enfants. Mais, muni des bottes de sept lieues, il s'en va trouver l'épouse de l'ogre qui, la veille, lui avait charitablement offert l'hospitalité, il raconte à la bonne femme une histoire de brigands, et se fait ainsi livrer toutes les richesses de l'ogre. Il semble bien que la morale la moins austère doive réprouver pareil chantage. Perrault s'en est aperçu; aussi s'est-il empressé d'ajouter que « des gens » donnent à l'histoire un autre dénouement.

Ils assurent que lorsque le Petit Poucet eut chaussé les bottes de l'ogre, il s'en alla à la cour, où il savait qu'on était fort en peine d'une armée qui était à deux cents lieues de là, et du succès d'une bataille qu'on avait donnée. Il alla, disent-ils, trouver le roi et lui dit que, s'il le souhaitait, il lui rapporterait des nouvelles de l'armée avant la fin du jour. Le roi lui promit une grosse somme d'argent s'il en venait à bout. Le petit Poucet rapporta des nouvelles dès le soir même; et, cette première course l'ayant fait connaître, il gagnait tout ce qu'il voulait; car le roi le payait fort bien pour porter ses ordres à l'armée; et une infinité de dames lui donnaient tout ce qu'il voulait pour avoir des nouvelles de leurs amants, et ce fut là son plus grand gain.

Ce dénouement est un peu moins immoral que le premier, mais est-ce la vertu toute pure qui est récompensée dans la personne du Petit Poucet?

Quant aux fourberies du Chat botté, Perrault ne cherche même pas à les excuser. Dans la crainte d'être mis en gibelotte par son maître affamé, le

chat machine la plus ingénieuse des escroqueries :
du pauvre fils du meunier il fait cet opulent marquis
de Carabas auquel le roi donnera sa fille, et, grâce
à ce bon tour, il mourra dans la peau d'un grand
seigneur. Voilà un personnage proche parent des
Scapin et des Crispin de la comédie. Depuis le
*Roman de Renart*, les héros de cette trempe sont
assez populaires en France. Les exploits du maître
Chat suggèrent à Perrault cette maxime judi-
cieuse :

> L'industrie et le savoir-faire
> Valent mieux que les biens acquis.

Sans doute ; mais pour avoir si gentiment conjuré
le mauvais sort, le Chat et son maître n'en sont
pas moins dignes d'aller ramer sur les galères du
roi.

Les moralistes ont donc raison de railler Perrault
quand il s'imagine ingénument que ses contes sont
bons à inspirer l'horreur du vice et l'amour de la
vertu ; mais ils ont tort de croire que ces petits
récits peuvent corrompre des imaginations enfan-
tines. Les petits qui les écoutent sont tout entiers
aux péripéties de l'histoire et ne réfléchissent pas
à la leçon qu'on en pourrait tirer, ils n'y songent
que si l'on prend la peine de la souligner et de
l'expliquer. C'est ce que Perrault a tenté dans
ses malencontreuses « moralités » : mais qui lit les
« moralités » de Perrault ?

FRONTISPICE
DE LA TRADUCTION DES FABLES DE FAËRNE
Par CHARLES PERRAULT

Remarquons en passant que la leçon s'adresse moins souvent aux enfants qu'à leurs parents. Ce sont toujours ces derniers qui, dans les contes, jouent le vilain rôle ; c'est par leur faute que les enfants sont malheureux. Peau d'âne est réduite à la condition la plus misérable, à cause de la passion incestueuse de son père. La Belle au bois dormant et Cendrillon sont toutes deux victimes de la méchanceté de leur marâtre. Dans *les Fées*, une mère dénaturée cause l'infortune d'une de ses filles. Dans *le Petit Poucet* des parents inhumains cherchent à se défaire de leurs enfants. C'est donc aux grandes personnes qu'il faudrait recommander de méditer les contes de Perrault ; mais, tout de bon, à n'importe quel âge, est-il utile de les méditer ? le plus sage est de les prendre pour ce qu'ils sont, des contes, rien que des contes :

Contons, mais contons bien, c'est le point principal.

disait La Fontaine. Perrault a très bien conté.

Enfin, ces fables étaient inoffensives, au temps de Perrault : déjà les enfants n'y croyaient plus qu'à demi. Le Progrès que Perrault a tant célébré, a peu à peu avancé l'âge du scepticisme. Il y a une soixantaine d'années, Sainte-Beuve comparait l'enfant qui écoutait un conte de fées à celui qui « attend avec impatience et un peu de crainte ce qui descend par la cheminée dans la nuit de Saint-Nicolas ou ce qu'on trouve dans ses petits souliers le matin de Noël : « Je sais bien que c'est « maman qui le met, mais c'est égal. » Sainte-Beuve ajoutait : « Il se vante, le petit esprit fort ! Il n'est pas bien sûr que ce soit sa maman. Son imagination et sa raison se combattent ; c'est l'heure du crépuscule qui finit et de l'aube blanchissante. » Aujourd'hui, elle est passée cette heure charmante, il est fini le combat de l'imagination et de la raison. Les enfants vivent en T. S. F., ce que naguère Gérard d'Houville traduisait par le Temps Sans Fées. Ce qui n'empêche pas les contes de Perrault, auxquels personne ne croit plus, de conserver une éternelle jeunesse par la grâce de l'art et le prestige du style.

## VI. — LES FUNÉRAILLES DE CHARLES PERRAULT

Après qu'il eut publié ses contes, Perrault ne sortit plus de sa retraite. Dévoué à la mémoire de son frère Claude, il réunit et publia les ouvrages de science et d'architecture que celui-ci avait laissés. Puis, rappelant tous les souvenirs de sa vie, il se mit à écrire pour ses enfants ces *Mémoires* sur lesquels nous n'avons pas à insister, car nous avons cité plusieurs extraits propres à en faire goûter toute la simplicité et toute la bonhomie. Ce manuscrit inachevé portait la date de 1702.

L'année suivante, la nuit du 15 au 16 mai, Perrault mourut dans sa maison de la place de l'Estrapade. Le lendemain soir, on l'enterra dans l'église de Saint-Benoît. Tandis que le convoi descendait la rue Saint-Jacques, précédé de la croix et accompagné du chant des psaumes, parmi les flambeaux de cire et les candélabres d'argent, le petit peuple se mettait aux fenêtres pour saluer une dernière fois ce vieux bourgeois qu'il voyait chaque jour se rendre aux offices de sa paroisse. Les pâtissiers et les traiteurs, fort nombreux dans le voisinage de la Sorbonne, sortaient de leurs boutiques, et l'on voyait sur le pas de leur porte des rôtisseurs, « la lardoire à la main et la queue de renard sur l'oreille ». Des galopins se montraient une vieille paysanne en sabots qui portait une quenouille et marchait parmi les servantes de la famille : c'était ma mère Loye, elle pleurait tout en disant ses patenôtres, car les fées sont bonnes chrétiennes.

Le convoi s'arrêta devant le portail de l'église de Saint-Benoît qu'on avait longtemps nommé *le Bétourné*, c'est-à-dire le mal tourné, son maître-autel étant à l'occident, mais qu'on nommait le *Bientourné*, depuis qu'il était orienté selon l'usage. Le cercueil de Charles Perrault fut transporté et inhumé non loin de la sépulture de Claude, qui, de son vivant, avait été, lui aussi, paroissien de Saint-Benoît, et avait dessiné de beaux chapiteaux corinthiens pour le rond-point de l'église. Ce fut

ainsi que l'auteur de *Cendrillon* et l'auteur de la
colonnade du Louvre reposèrent l'un près de l'autre,
unis dans la mort comme ils l'avaient été dans la
vie, sous le pavé de Saint-Benoît *le Bientourné.*

Le 3 juillet, Boileau écrivait à Brossette :

« Pour ce qui est de M. Perrault, je ne vous ai
point parlé de sa mort, parce que franchement je
n'y ai point pris d'autre intérêt que celui qu'on prend
à la mort de tous les honnêtes gens. Il n'avait pas
trop bien reçu la lettre que je lui avais adressée
dans ma dernière édition, et je doute qu'il fût content. J'ai pourtant été au service que lui a fait dire
l'Académie, et M. son fils m'a assuré qu'*en mourant
il l'avait chargé de me faire de sa part de
grandes honnêtetés et de m'assurer qu'il mou-
rait mon serviteur.* »

Infortuné Boileau ! Il a rendu à la poésie française les services les plus éclatants ; il avait toutes
les qualités d'un bon critique, le discernement, la
droiture et le courage ; il s'est rarement trompé sur
les auteurs de son temps, il a aimé et défendu les
plus grands d'entre eux... Et cependant il ne s'est
pas douté un instant que Perrault fût l'auteur d'une
œuvre immortelle ! Du reste Perrault lui-même ne
s'en doutait pas davantage.

Voici un poète malhabile et dont pas un seul
vers n'est resté dans la mémoire des hommes, un

défenseur des modernes à qui ses amitiés font perdre le goût et le jugement, un détracteur de l'antiquité qui par son ignorance du grec s'enlève tout
crédit, un avocat du progrès qui ruine lui-même sa
théorie en annonçant une décadence prochaine...
et ce même homme écrit un jour un tout-petit livre
qui fera les délices de la postérité. Il sera un des
écrivains français les plus populaires, au vrai sens
du mot. Les artistes ne se lasseront pas d'illustrer
ses contes, les musiciens de les mettre en musique.
Les noms et les propos de ses personnages devien-
dront proverbes, et tant qu'il y aura des Français
de France, on les entendra parler de la pantoufle
de Cendrillon, des bottes du Petit Poucet, du château
de la Belle au Bois dormant et des femmes de la
Barbe-Bleue. Attrape, Boileau!

# APPENDICES

I

# ORIGINE TOURANGELLE
# DE LA FAMILLE PERRAULT

La plupart des biographes des Perrault affirment que
cette famille était originaire de Touraine, mais n'en four-
nissent aucune preuve. Dans le voyage qu'il fit en 1669,
Claude Perrault passa par Tours et voici ce qu'on lit
dans son journal :

« ... Nous rencontrâmes M. et M^me Robichon à une
lieue de la ville qui venaient au-devant de nous dans le
carrosse de M. de Fontenailles chez qui nous dinâmes.
Après le dîner toute la compagnie fut à Marmoutier,
excepté mon frère qui demeura avec M. de Fontenailles... De Marmoutier nous passâmes à *la Péraudière*[1]
pour avoir la belle vue, mais il était trop tard, et en revenant nous fîmes la plus grande partie du chemin à pied,
à cause qu'il est si étroit que nous jugeâmes qu'il ne faisait pas sûr de passer à quatre chevaux sur un précipice
dans l'obscurité. Nous nous servîmes ce jour et le lendemain du carrosse de M. de Fontenailles afin de faire reposer nos chevaux... MM. du Laurent, de Gomont et

1. Le manuscrit de la Bibliothèque nationale porte bien la *Péraudière*
et non la *Béraudière,* comme il a été imprimé par erreur dans l'édition du *Voyage à Bordeaux* que M. Paul Bonnefon a publiée en 1909.

Abraham furent coucher à l'hôtellerie de Sainte-Marthe où était logé notre train, et mon frère et moi demeurâmes chez M. de Fontenailles. Après souper, M^me Robichon fut fort malade d'une colique qui la tourmenta toute la nuit; je la fus conduire chez elle et y demeurai fort tard. »

Il nous semblait que ces quelques lignes nous devaient aider à résoudre le petit problème des origines de la famille. Ces Robichon et ce M. de Fontenailles qui offrait son carrosse et sa maison aux voyageurs, étaient-ils parents des Perrault? Qu'était-ce que cette *Péraudière?*

Nous nous sommes adressés à M. L. de Grandmaison archiviste du département d'Indre-et-Loire, et qui de tous les Tourangeaux est celui qui sait le mieux l'histoire de sa province ; voici ce qu'il nous a très obligeamment répondu :

«... J'ai dressé des généalogies de tous les Perrault (assez nombreux) rencontrés par moi dans les documents tourangeaux du xvi^e siècle et du commencement du xvii^e. Malheureusement, bien que la parenté soit certaine, je n'ai pu *encore* souder entre eux tous ces fragments généalogiques, ni trouver quel était le père de Pierre Perrault avocat au Parlement de Paris, père lui-même des quatre Perrault connus : Pierre, Nicolas, Claude et Charles. A signaler toutefois que les prénoms Pierre, Nicolas et Charles sont portés par des Perrault Tourangeaux. Par ailleurs une note laissée par mon père indique (du reste sous une forme dubitative) que la Péraudière ou la Perraudière, commune de Saint-Cyr-Sur-Loire près Tours, aurait reçu son nom de Pierre Perrault, père de l'architecte... On peut aller de Marmoutier à la Péraudière en faisant seulement un léger détour. Enfin un Nicolas Perrault, sieur de la Péraudière, est parrain à Bourgueil, le 17 décembre 1680.

« M. de Fontenailles doit être identifié avec Étienne Bouault seigneur de Fontenailles et de la Cantinière, conseiller et secrétaire du Roi en 1666. Cet Étienne doit être probablement le même qu'Étienne Bouhault, baptisé à Saint-Cyr-sur-Loire, le 23 juillet 1640, fils de René Bouault, commissaire ordinaire des guerres et de Marie Perrault, que je crois sœur de David Perrault, sieur de la Lande (fief de la commune de Saint-Cyr), conseiller du Roi et contrôleur général des guerres en Poitou. David est parrain, en 1630, d'un autre enfant du mariage Bouault-Perrault.

« Je n'ai rien trouvé me permettant de rattacher les Robichon aux Perrault.

« Quoi qu'il en soit des précisions généalogiques, il semble qu'en rapprochant les divers renseignements ci-dessus, on puisse sans témérité affirmer que les Perrault sont originaires de Touraine. »

Faut-il aller plus loin et voir dans la Péraudière le berceau de la famille Perrault ? Nous n'en avons pas encore la preuve indiscutable. Néanmoins, d'après de nouveaux renseignements recueillis par M. de Grandmaison, il paraît très probable que Pierre Perrault avocat au Parlement de Paris, était le fils d'un Perrault, brodeur du Roi, qui vivait à Tours au XVI⁰ siècle, et celui-ci aurait donné son nom au domaine qu'il avait acquis sur la hauteur de Saint-Cyr.

Le propriétaire actuel de la Péraudière a bien voulu nous accueillir chez lui.

Une partie de la construction remonte au XV⁰ siècle, le reste est moderne. La pente du coteau qui fut jadis plantée de vignes, est maintenant recouverte par les ombrages d'un parc magnifique. De la terrasse qui précède la façade de la maison, l'on découvre « la belle vue » que Claude Perrault était venu contempler par de si mauvais chemins. Or cet admirable tableau des vallées de la Loire et du Cher a été décrit par Honoré de Balzac dans une émouvante nouvelle intitulée *la Grenadière*. Cette maison de la Grenadière où Balzac a lui-même séjourné, est voisine de la Péraudière; sa situation est la même, et voici ce qu'aurait vu Claude Perrault s'il était arrivé à la Péraudière avant le crépuscule :

« La Loire est à vos pieds, vous la dominez d'une terrasse élevée de trente toises au-dessus de ses eaux capricieuses; le soir vous respirez ses brises venues fraîches de la mer et parfumées dans la route par les fleurs des longues levées... De là, les yeux embrassent d'abord la rive gauche de la Loire depuis Amboise; la fertile plaine où s'élèvent Tours, ses faubourgs, ses fabriques, le Plessis; puis une partie de la rive gauche qui, depuis Vouvray jusqu'à Saint-Symphorien, décrit un demi-cercle de rochers pleins de joyeux vignobles. La vue n'est bornée que par les riches coteaux du Cher, horizon bleuâtre, chargé de parcs et de châteaux... »

II


# NICOLAS PERRAULT


Dans l'avertissement qui précède le livre de Nicolas Perrault, *La morale des Jésuites extraite fidèlement de leurs livres imprimés avec la permission et l'approbation des supérieurs de leur Compagnie* par un docteur en Sorbonne, livre qui ne fut publié qu'en 1667, six ans après la mort de l'auteur, on trouve ce portrait de Nicolas Perrault :

« Il avait un esprit aisé, clair et solide ; une douceur et une modération tout à fait charmantes, et une humilité ingénieuse au delà de tout ce qu'on peut penser, à dérober l'éclat de ses autres vertus aux yeux mêmes de ses plus intimes amis. Son éducation avait été admirable et n'avait pas peu contribué à la beauté de son esprit, à la pureté de sa doctrine et à l'innocence de ses mœurs. Car il était né d'un père qui avait eu *un soin tout particulier de fortifier de bonne heure ses enfants contre les erreurs populaires, de leur inspirer les maximes les plus pures de l'Évangile et de leur ouvrir l'esprit aux plus belles connaissances.* »

Comme cette dernière phrase se retrouve mot pour mot dans les *Mémoires* de Charles Perrault, on en peut conclure que cet « avertissement » était de sa plume. La vivacité avec laquelle il traite les casuites de la compagnie de Jésus, prouve qu'il partageait les opinions jansénistes de son frère.

Les *Mémoires* de Godefroi Hermant (Tome V) contiennent les lettres écrites par Claude Perrault à son ami
Haslé, supérieur du séminaire de Beauvais, pour le détourner de signer le Formulaire : elles sont d'une dialectique ferme, claire et passionnée.

Godefroi Hermant transcrit aussi une lettre de Haslé
à l'un de ses amis au sujet de la mort de Nicolas Perrault :

« Monsieur, il est juste que je me console avec vous
de la mort de notre très cher ami... La perte que nous
avons faite en ce décès est irréparable ; mais l'exemple de
la générosité de ce cher défunt peut vivre éternellement
dans notre cœur, et nous soutenir dans toutes les faiblesses
qui nous peuvent arriver ou du dehors ou de nous-mêmes.
Je pense que l'on aura soin de ses papiers...[1] Voici quelle
fut la fin de M. Perrault qui eût rendu de grands services
à l'Église, et se serait distingué parmi les plus célèbres
théologiens de son siècle s'il eût vécu plus longtemps.
Mais on peut dire de lui ce que David disait de Jonathas
après sa mort : *que sa flèche n'est jamais retournée en
arrière*, et ce que l'Écriture dit de Samson : *qu'il avait
fait plus mourir de Philistins en mourant que pendant
sa vie*, parce que le public lui est redevable de la découverte et de la réfutation de la pernicieuse morale des
Jésuites qu'il avait extraite de leurs livres avec un grand
soin, et examinée avec une pénétration profonde. Le
juste volume que nous avons de lui survivra toujours aux
flammes que ces Pères ont eu le crédit de faire allumer
pour le consumer en cendres ; et cette injuste flétrissure
lui sera éternellement glorieuse devant le tribunal de
toute la postérité. »

---

1. Des brouillons du traité de la Résidence des évêques se trouvent
à la Bibliothèque nationale, ainsi que le manuscrit de l'étude sur la
Blanque (f. fr. n° 24 713).

## III

# LA MAISON DE VIRY

Comment cette maison était-elle devenue la propriété des Perrault? Nous ne nous flattons pas de pouvoir l'établir. Voici cependant quelques indications qui pourront peut-être aider les chercheurs.

Au XVIe siècle Viry appartient à une famille Piedefer. Jean Piedefer, chevalier de Jérusalem, mort vers 1560, est enseveli dans l'église du village. Anna Piedefer épouse en 1560 Jean Huault *dit* le Président de Vaire qui sera garde des sceaux sous Louis XIII[1]. Or une nièce de ce Président, Françoise Leclerc, épouse de L'Héritier de Villaudon[2], est apparentée (nous ignorons à quel degré) à Paquette Le Clerc, épouse de Pierre Perrault, et mère de tous nos Perrault. En attendant que les liens de parenté entre les Piedefer et les Perrault soient mieux déterminés, remarquons que Viry semble bien avoir appartenu à *Madame* Perrault, car, après la mort de son mari, elle en resta propriétaire. C'est seulement après son décès, en 1667, que la maison passe à l'aîné de ses fils, Pierre Perrault, receveur des finances.

1. Lebeuf. *Histoire de la Ville et du Diocèse de Paris*, t. III, p. 282.
2. Voir appendice XIII.

Tout n'a point disparu de cette « maison des champs. » Les bâtiments ont été transformés et augmentés au xixe siècle, surtout à l'époque où, propriété du Prince d'Eckmühl, Viry a été habité par le maréchal Jourdan. Le dessin du parc qui s'étend sur le flanc du coteau, a été modifié à plusieurs reprises ; mais on y voit encore de beaux ombrages et des sources abondantes y forment un charmant ruisseau.

Que reste-t-il des travaux exécutés par les Perrault? Faut-il attribuer à ceux-ci une jolie salle, dont les parois sont faites de rocailles et de coquillages, et qui subsiste dans la seule partie ancienne des bâtiments d'habitation ? Peut-être; mais la maison fut, au commencement du xviiie siècle, la propriété de Michel Poncet de la Rivière, évêque d'Uzès qui « a agrandi et embelli les jardins qui sont très vastes et remplis de pièces d'eau à la faveur de la colline, avec des rochers[1] ». Ce prélat fastueux pourrait bien avoir créé la salle des rocailles.

En face de la maison s'élève une construction qui sert aujourd'hui d'orangerie : les voûtes en sont appareillées avec l'art le plus délicat, et trois niches creusées dans le mur du fond semblent faites pour recevoir trois groupes de sculptures. On dirait une réduction de cette *Grotte de Thétys*, une des merveilles disparues du premier Versailles; et pour laquelle Claude et Charles firent des projets. Ne serait-ce pas l'un de ces « embellissements » de Viry qui furent signalés à Colbert et lui inspirèrent confiance dans le goût des Perrault? Elle devait être à l'origine, revêtue d'un décor de coquillages. Qui sait si Poncet de la Rivière n'en a pas utilisé les débris pour orner les murailles d'une des salles de sa maison ?

Cette hypothèse est assurément fragile. Mais après

_______

1. Lebeuf. *Loc. cit.*, t. IV, p. 402.

avoir évoqué la féerie des contes sous les frondaisons du
parc, il est agréable de penser que la jolie orangerie fut
le premier essai du grand architecte par qui fut élevée la
colonnade du Louvre.

Transcrivons ici deux sonnets du poète Pinchesne[1] :
ils donnent le ton des divertissements de Viry.


## SONNET POUR M. PERRAULT L'AINÉ[2]
### SUR SA MAISON DE VIRY

Avoir chez soi des eaux, des bois, et de la vue,
Avec un fort commode et propre bâtiment,
Qui rit aux regardants du faîte au fondement,
Et de qui l'ordonnance est des mieux entendue,

Avoir de jardinage une juste étendue,
Un parterre agréable en son compartiment;
Des jets d'eaux au milieu, qui vont incessamment,
Et n'interrompent point leur danse continue,

Comme de fort bons lits, là de mets surprenants
Savoir sans les fâcher tromper les survenants,
Est cultiver l'étude où l'honneur nous convie.

Et du vent de la Cour à vivre bien guéry,
Le grand Fontainebleau que tout le monde envie,
Le cède en doux moments à ton petit Viry.


1. *Poésies meslées du sieur Pinchesne* (1672).
2. Pierre Perrault.

## AUTRE A M. PERRAULT LE JEUNE [1]
### SUR SA GROTTE DE VIRY


Quand chez toi du sommet d'une grotte profonde,
J'ouïs plein de transport et de ravissement,
Par cascade et par bonds, gazouiller doucement
En cent petits bassins la plus belle eau du monde,

Je dis en admirant sa beauté sans seconde,
Et le bruit enchanteur de son doux roulement :
Des sacrés fils des Dieux c'est ici l'élément
Et la plus sèche veine y deviendrait féconde.

Ainsi pour ton honneur tu me devais cacher
Cette Dircé secrète, et ce divin rocher
Où dans l'art des neuf sœurs tu devins un Orphée,

Car m'ayant de ce lieu les charmes découvert,
J'en admirerai moins que de ta Lyre Fée
Tu pousses des chansons si pleines de beaux vers.


1. Charles Perrault.

IV

# LES PORTRAITS DES PERRAULT

Nous ne connaissons aucun portrait de Pierre Perrault, aucun de Nicolas.

Nous avons reproduit deux portraits de Charles Perrault : l'un à 37 ans, gravé par Baudet d'après une peinture de Le Brun ; l'autre où il est représenté beaucoup plus âgé, gravé par Edelinck, d'après une peinture de Tortebat. Ce dernier figure en tête du premier volume des *Hommes illustres*.

Les procès-verbaux de l'Académie de peinture indiquent deux autres portraits de Charles Perrault; l'un est le morceau de réception du peintre Lallemant (7 novembre 1671), l'autre, commandé à de Troy (25 avril 1671) a été gravé par Baudet (24 octobre 1675).

Quant à Claude, l'image que nous avons reproduite, est une gravure d'Edelinck d'après un portrait peint par Vercelin.

Il existe au Louvre un tableau de Philippe de Champaigne où deux personnages représentés à mi-corps sont réunis dans le même cadre, et que l'on a coutume de nommer *Les deux architectes*. Le fond du tableau est formé à gauche par un bâtiment devant lequel se dresse une Victoire tenant une couronne ; puis s'ouvre une perspective plus lointaine fermée par une colline ; à droite, on entrevoit une colonnade surmontée d'un fronton qui porte une statue. Au-dessous du personnage de gauche, enveloppé d'un manteau noir, une main inconnue a écrit sur la toile : *Mansard;* au-dessous du personnage de droite, vêtu de gris et qui, du doigt, semble montrer la statue, on lit : *Perrault* (Les inscriptions paraissent dater du xviiie ou du xixe siècle, car au xviie on écrivait le plus souvent *Mansart*). La toile est datée de *1656*.

Pour Mansard (il ne peut s'agir ici que de François, le premier des deux Mansard) la désignation est incertaine. Quand on compare ce portrait à l'estampe d'Edelinck d'après une peinture de Namur, on découvre entre les deux visages bien des dissemblances. Quant à Claude Perrault, pas d'hésitation : la mention est erronée.

Le tableau est de 1656. Comment à cette date Philippe de Champaigne aurait-il pu avoir la pensée de placer Perrault à côté de Mansart ? Ce dernier était alors à l'apogée de sa gloire : il avait construit Blois, Maisons et bien d'autres ouvrages qui excitaient l'admiration générale. A la même époque, Perrault avait peut-être quelque notoriété comme médecin, mais personne ne se doutait encore de ses talents pour l'architecture ; il n'avait construit ni le Louvre ni l'Observatoire. D'ailleurs, rapprochez la figure peinte par Champaigne de la gravure d'Edelinck d'après Vercelin : ni les traits, ni l'expression ne laissent place à aucune incertitude ; ce sont là deux types d'hommes absolument dissemblables.

Quel est le personnage qui a jusqu'à présent passé pour Perrault ? Peut-être est-ce le neveu du peintre, peintre lui-même, Jean-Baptiste de Champaigne. Si l'on regarde attentivement l'étude charmante où l'oncle a crayonné la tête aux cheveux bouclés de Jean-Baptiste adolescent (musée du Louvre), le dessin que Jean-Baptiste a fait de lui-même et de sa femme (British Museum) et surtout cette admirable peinture du musée de Rotterdam où Philippe l'a représenté en compagnie de son ami Nicolas de Plate-Montagne, l'hypothèse que nous proposons ne paraîtra pas invraisemblable... Mais, ce qui demeure incontestable, c'est que le portrait n'est point celui de Claude Perrault.

On en peut dire autant d'un tableau du musée Vivenel à Compiègne, reproduit dans la *Gazette des Beaux-Arts* de 1908, p. 343.

## V

# PARIS VU DU LOUVRE

Jacques-François Blondel a reproduit dans son *Architecture française* quelques-unes des notes manuscrites
jointes par Charles Perrault au Recueil des dessins de son
frère. Celle-ci qui se pourrait intituler « Paris vu du
Louvre » montre un gentil paysage, un peu sec, à la
manière d'Israël Silvestre.

« La situation du Louvre est très belle et très avantageuse ; il est bâti, sur le bord de la Seine, à l'endroit où
toutes ses eaux, après avoir été séparées en plusieurs bras
par les îles qu'elles forment, se réunissent en un large
canal, fort droit, et long d'une grande demi-lieue ; du
bord de ce canal on découvre des aspects très agréables,
tant du côté de la campagne, d'où l'on aperçoit les beaux
coteaux de Chaillot et de Meudon, que du côté de la
ville, d'où l'on voit les édifices du Pont-Neuf, de la place
Dauphine, les tours de l'ancien Palais, celles de l'église
Notre-Dame, et tout ce qui borde les quais des deux
canaux. Au delà du fleuve est le magnifique bâtiment du
Collège des Quatre-Nations, qui forme une grande place
en tour creuse, dans le fond de laquelle est le portail de
l'église de ce Collège, couronné d'un dôme très agréable,

et tout le monument enrichi des plus beaux ornements
de l'architecture et de la sculpture. A l'endroit de ce large
canal qui sépare le Louvre de cet édifice, est un port
qu'on peut considérer comme un objet amusant à certains égards, parce que les appartements qui regardent
sur la rivière en sont assez éloignés pour empêcher que ni
le bruit, ni la vue trop distincte de ce qui se passe sur le
port, n'ait quelque chose de désagréable, y ayant entre
la rivière et ces appartements un jardin d'une largeur
assez considérable. »

VI

# DESSIN D'UN OBÉLISQUE
# PAR CLAUDE PERRAULT

Depuis l'incendie de la Bibliothèque du Louvre, il est
difficile de se faire une idée du talent de Claude Perrault dessinateur. Nous avons, il est vrai, les fines gravures que Sébastien Le Clerc exécuta d'après les dessins
de Perrault pour l'illustration du *Vitruve*, et la Bibliothèque de l'Arsenal possède un exemplaire de l'*Ordonnance des cinq espèces de colonnes* où sont insérés les
dessins originaux de l'auteur; mais de tous les projets où
se jouait l'imagination de l'architecte, il ne reste
que le dessin d'un obélisque. Il est conservé parmi les
manuscrits de la Bibliothèque nationale (fonds français
n° 24713), avec un abondant commentaire auquel on soup-
çonne Charles Perrault d'avoir quelque peu collaboré.

Bien que Paul Bonnefon ait déjà publié le dessin et le
commentaire à la suite des *Mémoires de ma vie* de Charles
Perrault, nous reproduisons ici ce projet original et si
délicatement dessiné; nous transcrivons aussi une partie
de la note qui l'accompagne et nous renseigne sur la signification symbolique du monument.

Il est inutile de citer les considérations générales destinées à prévenir l'esprit de Louis XIV en faveur du projet : l'antiquité a su bâtir des édifices « nécessaires », des

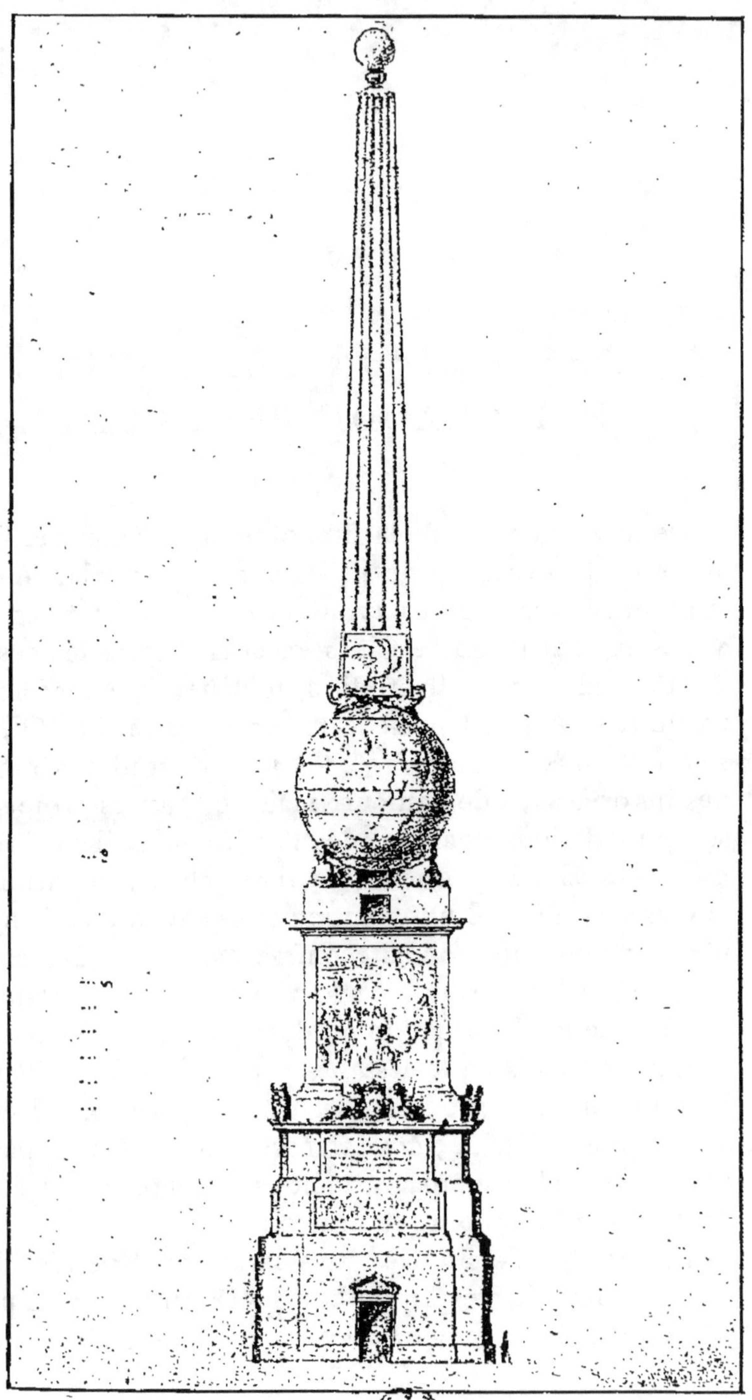

DESSIN D'UN OBÉLISQUE

Par Claude Perrault

temples, des ponts, des gymnases, des bains, des marchés, ainsi que d'autres dont le seul but était « la pompe et l'éclat », monuments de vénération ou de commémoration ; notre architecture n'a rien fait de pareil, elle tient encore de l'ancienne barbarie ; François Ier a tenté de l'en faire sortir, mais c'est au Roi qu'il appartient de donner à la postérité « des marques éclatantes et extraordinaires de l'excellence de son règne », etc...

Perrault voudrait placer l'obélisque dont il a dessiné le projet, au Pré aux Clercs, « ce lieu étant à la vue du Louvre, du Cours-la-Reine, du Pont-Neuf et l'endroit le plus découvert et le plus beau des *environs* de Paris. » (1666).

Voici la description de ce monument qui, bien que très compliqué, ne manque pas de grandeur :

« Un globe terrestre de six toises et demie de diamètre, posé sur un plinthe et affermi par quatre sphinges de marbre noir, soutient un obélisque affermi aussi sur ce globe par quatre dragons de bronze. L'obélisque a trois toises par le bas et neuf pieds par le haut et vingt-quatre toises de hauteur. Au haut de l'obélisque, qui est percé par une vis de cinq pieds de diamètre pour monter jusques en haut, est une cage de fer qui soutient un globe de cuivre doré de dix pieds de diamètre capable de contenir dix personnes fort à l'aise. La cage est composée de vingt montants, quatre à chaque face, sans ceux des quatre coins, qui laissent vingt ouvertures d'un pied de large pour regarder. Ces montants sont couverts de grosses lames de cuivre doré de la largeur de huit pouces qui descendent tout le long de l'obélisque, en lient la maçonnerie et représentent les rayons du soleil qui partent du globe doré qui en est comme le corps.

« Le plinthe sur lequel est posé le globe est soutenu d'un grand piédestal qui pose sur un socle grand et massif ayant dix toises de tout sens et n'ayant aucun vide au dedans que la cavité de quatre pieds de largeur sur dix de hauteur pour un escalier qui rampe autour d'un massif qui soutient l'obélisque. Ce socle est recoupé en dehors par quatre avant-corps qui n'ont qu'autant de saillie qu'il en faut pour soutenir des statues assises deux à chaque face et tenant des cartouches où sont les armes, la devise, les chiffres et l'image du Roi.

« Chacune des faces de cet édifice est affectée à chacune des quatre parties du monde. Au bas de l'obélisque sont quatre bas-reliefs qui représentent quatre animaux solaires regardant vers le globe doré qui représente le soleil. Dans chaque face du piédestal, sont des bas-reliefs où sont représentées quatre actions mémorables que le Roi a faites dans les quatre parties du monde, et au-dessous sont des inscriptions en quatre langues, à savoir en français, en persan, en abyssin et en américain.

« Au côté d'occident, au bas de l'obélisque est un aigle regardant le soleil avec ces mots : VIX . SUSTINET. L'aigle, le plus noble de tous les oiseaux de l'Europe, représente l'empereur qui est le seul des princes de cette partie du monde qui ose, s'il faut ainsi dire, regarder le Roi. Au-dessous, dans le piédestal, est représentée la contestation pour la préséance des ambassadeurs du Roi sur ceux des autres princes de l'Europe. Au-dessous est cette inscription :

LA . VALEUR . LA . PRUDENCE . LA JUSTICE . LA . CIVILITÉ .
ET . TOUTES . LES . VERTUS . MILITAIRES . ET . POLITIQUES .
DONT . L'EUROPE . SEULE . A . DROIT . DE . SE . GLORIFIER .
ÉCLAIRANT . L'ESPRIT . DES . PRINCES . QUI . LA . GOUVERNENT .
AUTANT . QU'ELLES . ÉLÈVENT . LEUR . COURAGE .
LEUR . FONT . CONNAÎTRE . ET . AVOVER .
QUE . LA . GRANDEUR . ET . LA . PUISSANCE . DE . LOVIS . EST .
INCOMPARABLE.

« Sur la corniche qui couronne la table où est l'inscription sont les statues de Mars et de Minerve qui signifient les inclinations des peuples de l'Europe.

. « Au côté du levant, au bas de l'obélisque est un phénix regardant le soleil avec ces mots : HUNC . SUSPICIT . UNUM . Pour dire que comme le phénix qui est admiré de tous les autres oiseaux, adore le soleil, ainsi le Grand Seigneur que l'on peut nommer le phénix des princes de l'Asie méprise tous ceux de la terre et n'a de respect que pour le Roi de France. Au-dessous dans le piédestal est représentée la bataille de Raab avec cette inscription :

SI . L'ENVIE . M'A . VOULU . FAIRE . PASSER . POUR . BARBARE .
MA . RICHESSE . MA . BEAUTE . MA . DOUCEUR .
M'A . TOVIOVRS . FAIT . TROUVER . HEUREUSE . PRETIEUSE . DELITIEUSE .
COMME . ETANT . LA . SOURCE . DE . LA . LUMIERE . DU . IOVR .
LA . MERE . DES . PREMIERS . ET . DES . PLUS . PVISSANS . ROIS .
L'ACCOMPLISSEMENT . DES . MERVEILLES . DE . LA . NATURE .
ET . CELLE . QUI . NE . VOIT . RIEN . AU-DESSUS . DE . SOI . QUE .
LA . FRANCE . ET . QUE . LOVIS .

« Les statues de Mercure et de Vénus sont au-dessus, qui sont les étoiles qui accompagnent toujours le soleil à son lever, et qui sont les symboles de la douceur et de la volupté qui règnent en cette partie du monde.

« Au côté du midi, au bas de l'obélisque, est un éléphant adorant le soleil avec ces mots : ET . COLIT . IMMANIS . FERITAS, pour montrer que la brutalité des peuples de l'Afrique ne les empêche pas d'avoir de la vénération pour le Roi. Au-dessous, dans le piédestal, sont représentées les alliances faites en Madagascar entre les Français et les Africains avec cette inscription :

Les . peuples . sauvages . de . l'Afrique .
Témoignant . qu'ils . ne . sont . pas . tout . a . fait . incapables .
de connaitre . d'admirer . d'estimer .
ce . qui . rend . la . grandeur . de . Lovis . extraordinaire .
méritent . que . l'on . croie .
qu'ils . conservent . encore . parmi . eux . le . sang .
du . plus . sage . de . tous . les . homes .
et . qu'ils . ont . ete . les . premiers . inventeurs .
des . sciences .

« Les statues d'Hercule et d'Isis sont sur la corniche qui
sont deux déités qui ont été célèbres en Afrique et qui
représentent la force du corps et la faiblesse des esprits
superstitieux de ses habitants.

« Au côté du septentrion, au bas de l'obélisque, est un
dragon regardant le soleil et couché sur un tas de Pistoles
et de Patagons avec ces mots : Hüic . debita . servo .
pour signifier que de même que l'Amérique reconnaît
devoir au soleil ses trésors comme à leur auteur, elle les
garde aussi pour le Roi à qui ils sont mieux dus qu'à
aucun prince de la terre. Au-dessous, dans le piédestal
est représenté le trafic en Amérique et les Anglais chassés
de l'île de Saint-Cristophe. Au-dessous est cette inscription :

A. Lovis . que . le . Ciel . a donné . a la . terre .
La . Terre . Américaine .
offre . les . trésors . qu'elle . a . reçus . du . Ciel .
en reconnaissance .
des . biens . que . ce . grand . prince . lui . a faits .
en . la . délivrant . de . sa . propre . barbarie .
et . de . celle . de . ses . crvels . ennemis .

« Les statues d'Apollon et de Diane sont au-dessus de la

corniche pour signifier les richesses que le soleil produit dans cette partie du monde et la navigation à laquelle Diane préside et qui est nécessaire pour le commerce.

« Cet édifice ainsi exécuté vaudrait bien les Pyramides d'Egypte, et, pour n'être pas aussi massif, il n'en serait pas moins admirable par sa hauteur et par la beauté et la fermeté de sa structure.

« Ce 20 octobre 1666. »

VII

# DOCUMENTS ET REMARQUES
## A PROPOS
## DES PLANS DU LOUVRE

§ 1.

Voici le passage du *Registre ou Journal des délibérations et résolutions touchant les Bâtiments du Roi*, cité par Piganiol de la Force et où est relatée la création du Conseil des bâtiments.

« Monseigneur le Surintendant ayant considéré qu'aucun des Architectes tant de France que d'Italie, n'avait entièrement réussi dans les dessins du Louvre qu'ils ont donnés, et ayant estimé que cet ouvrage demandait le génie, la science et l'application de plusieurs personnes qui joignant ensemble leurs différents talents, se secoureraient l'un l'autre et s'aideraient mutuellement, et pour cet effet ayant jeté les yeux sur Messieurs Le Vau, Le Brun et Perrault, il les manda et fit venir chez lui le     avril 1667 et après leur avoir expliqué son intention, et fait entendre qu'il désirait qu'ils travaillassent unanimement et conjointement à tous les desseins qu'il y aurait à faire pour l'achèvement du Palais du Louvre, *en sorte que ces dessins seraient regardés comme l'ouvrage d'eux trois également, et que pour conserver l'union et bonne intelligence, aucun ne pourrait s'en dire l'auteur particulièrement au préjudice des autres.* Il leur ordonna de travailler incessamment en commun à former un plan et une élévation de la façade de l'entrée vers Saint-Germain.

Suivant cet ordre, lesdits sieurs Le Vau, Le Brun et Perrault se sont assemblés plusieurs fois pour conférer ensemble, et s'étant trouvés de différents avis, au lieu d'un seul dessin pour la façade, ils en firent deux, dont l'un était orné d'un Ordre de colonnes formant un péristyle ou galerie au-dessus du premier étage, et l'autre était plus simple et plus uni sans Ordre de colonnes. Monseigneur ayant vu ces dessins, et ayant souhaité d'en voir aussi les modèles en bois, cela fut exécuté en appliquant ces deux façades sur le modèle qui est chez M. Le Vau; ensuite de quoi il leur dit de travailler encore tous trois sur chacun de ces dessins jusqu'à ce qu'ils en fussent satisfaits, et de les tenir prêts pour les faire voir au Roi quand il les manderait, ce qu'ils firent incessamment.

« Le 13 Mai l'ordre vint de porter ces dessins à Saint-Germain, où n'ayant pu être montrés à Sa Majesté le même jour, ils lui furent présentés le lendemain par Monseigneur le Surintendant qui expliqua à Sa Majesté tous les avantages de l'un et de l'autre de ces dessins. Ensuite de quoi Sa Majesté se détermina et choisit celui qui est orné d'un Ordre de colonnes formant un péristyle. Sa Majesté vit aussi quelques autres dessins de plans et d'élévations du reste du livre qu'elle remit à résoudre pour une autre fois.

« Le 18 du même mois, Monseigneur ayant mandé les Officiers des bâtiments dans son anticabinet où se trouvèrent Messieurs Varin, Le Nostre, Le Menestrel et Petit, Messieurs Le Vau, Le Brun, et Perrault, il dit que suivant l'intention de Sa Majesté, le dessin de la façade du Louvre où il y a un péristyle lequel il fit voir à toute la compagnie, serait exécuté, et que pour cet effet les plans et les élévations en seraient faits en grand pour lui être envoyés et présentés au Roi et ensuite signés et arrêtés par mondit Seigneur ; que le lundi ensuivant on ouvrirait les ateliers du Louvre pour travailler à tout le carré qui sera élevé jusqu'au-dessus de la première corniche, comme aussi à fouiller les fondations de la façade vers Saint-Germain qui sera continuée et poursuivie incessamment. »

§ 2.

Il nous paraît intéressant de citer ici quelques lignes du plaidoyer de Jacques-François Blondel pour Claude Perrault. Blondel y prend parti pour le médecin-architecte contre les hommes d'un seul métier.

« Ce qui a sans doute fait contester à Perrault la gloire d'être l'auteur du péristyle du Louvre, vient de ce que presque personne n'ignore que M. Colbert chargea, par ordre de Sa Majesté, Messieurs Le Vau, Le Brun et Perrault de travailler de concert à la composition de ce monument; mais, comme on le verra par une délibération des Bâtiments du Roi, [voir ci-dessus], il n'y a point de doute que les dessins de Perrault n'aient été préférés. Cette délibération, jointe à l'autorité des dessins originaux dont nous venons de parler, lève le voile, qui jusqu'à présent avait jeté de l'obscurité sur cet événement. Ajoutons à cela, qu'en général les artistes qui exercent l'architecture, endurent difficilement que ceux qui n'en font pas ouvertement leur profession, aient des talents supérieurs. Perrault était de l'Académie Royale des Sciences, Docteur en médecine de la Faculté de Paris :

en faut-il davantage pour que la plupart des gens du
métier se soient soulevés contre lui, et lui aient refusé
la qualité d'architecte? Peut-on, disent-ils, être habile
dans plus d'un genre? Sans doute : nous avons eu de
grands peintres, de grands architectes, de grands sculpteurs dans la même personne. L'Abbé de Clagny, bon
théologien, était aussi très bon architecte. Le Brun,
célèbre peintre, possédait l'architecture au-dessus de bien
des hommes qui exercent cette profession. Michel Ange,
le Cavalier Bernin dans le siècle passé, l'un grand peintre,
l'autre grand sculpteur, ont laissé des monuments élevés
sur leurs dessins. De nos jours Gilles Oppenord, un de
nos plus grands dessinateurs, a fait élever quelques édifices. Messieurs Meissonnier, et Germain, orfèvres du
premier ordre, se sont exercés à l'architecture avec une
sorte de succès. Enfin Vitruve recommande à un architecte les connaissances essentielles de la musique, de la
médecine, du génie militaire, des mathématiques, du
dessin, etc. La plupart même de ceux de son temps en
étaient pourvus; c'est ce que personne n'ignore. Mais
aujourd'hui nos artistes plus superficiels, plus distraits
et plus dissipés, regardent avec une sorte de honte la
nécessité de reconnaître des talents supérieurs en architecture chez un homme qui paraissait destiné pour toute
autre occupation. En conséquence de ce faux raisonnement, Claude Perrault a de son vivant, comme après sa
mort, été en butte à la cabale et à la jalousie de ses com-
patriotes. De là quelques écrivains du dernier siècle, et
ceux de nos jours lui ont refusé et lui disputent les connaissances profondes de l'art de bâtir. On ne peut cependant ignorer qu'il a été bon mécanicien, par les machines
qu'il composa pour la construction du Louvre et dont
il nous a donné les dessins dans sa traduction de Vitruve;
grand écrivain, par ce même livre qu'il a composé avec

autant de savoir que d'érudition ; grand architecte, par
les façades du Louvre, l'Observatoire et l'Arc de Triomphe
qu'il fit ériger sous Louis XIV ; sans compter une quantité prodigieuse de projets qu'il avait faits pour le vieux
Louvre, et pour d'autres édifices d'importance, *dont les
dessins existent dans les deux volumes qui appartiennent
au Roi, et que nous venons de citer* : enfin profond théo-
ricien, par son traité des cinq Ordres, qui n'est pas sans
mérite... »

§ 3.

Selon M. Hautecœur (*Gazette des Beaux-Arts*, 1924)
l'idée de la colonnade était « dans l'air » en 1664, lorsque furent montrés au public les projets des architectes
français et que Claude Perrault exposa son premier dessin. Il cite un projet de François Le Vau, dit Le Vau le
jeune, frère cadet de Louis Le Vau (cabinet des Estampes,
Va 217, fol. 19 et 22), un projet de Léonor Houdin (cabinet des Estampes, Va, fol. 18) et un mémoire anonyme
et non daté conservé aux Archives nationales (O¹1669¹).
 *Projet de Le Vau le jeune.* — Ce projet peut très bien
avoir été inspiré de celui de Perrault exposé au commencement de 1664. En effet, il est impossible de le dater
avec quelque précision. C'est *le 4 décembre* 1664 que Le
Vau le jeune écrit à Colbert : « Comme il y a environ
deux ans que je travaillai à un dessin de la grande
façade, qu'il vous plut me faire faire, je vous le présen-
terai s'il vous plait ; et puis vous dire par l'avance que
vous y trouverez peut-être des choses qui vous pourraient
satisfaire, et desquelles on pourrait se servir, sans toutefois avoir aucun dessin de déplaire à mon frère pour lequel j'ai tous les respects que je lui dois[1]. » Il dit avoir

---

1. Jal. *Dictionnaire*, 787.

travaillé depuis deux ans, mais dans l'intervalle Perrault a produit son projet, et rien ne prouve que Le Vau n'y ait pas puisé l'idée d'un péristyle. D'ailleurs les colonnes y sont accouplées dans le sens de la profondeur et non point placées côte à côte sur le même plan, comme dans la conception de Perrault.

*Projet de Léonor Houdin.* — On peut voir au Cabinet des Estampes deux plans et une élévation du Louvre par Léonor Houdin. L'élévation ne porte aucune date. On y remarque un péristyle très étroit avec des colonnes isolées, mais si l'on se reporte aux plans qui sont datés de 1661, on s'aperçoit qu'ils ne concordent pas avec le dessin de la façade, et l'on peut se demander si ce projet n'est pas, lui aussi, postérieur à celui des Perrault.

*Le mémoire anonyme.* — L'auteur de ce mémoire préconise pour la façade du Louvre une colonnade basse entre deux pavillons d'angle très élevés. M. Hautecœur date ce document de 1665 avec beaucoup de vraisemblance. Il n'a donc pu influer sur la conception de Perrault, qui remonte au début de 1664.

Admettons que l'idée fût dans l'air, admettons même si l'on veut, que Perrault ait eu connaissance des dessins de Le Vau le jeune et de Léonor Houdin, nous ne sommes pas encore au vif de la controverse. La gloire de Perrault n'est pas d'avoir bâti *une* colonnade, ce type d'architecture n'était pas nouveau, mais bien d'avoir édifié *la* colonnade du Louvre avec ses admirables proportions, établi un accord merveilleux entre les dimensions du péristyle et celles des pavillons d'angle, imaginé pour les colonnes, les murailles et les plafonds de la galerie un décor d'une souveraine élégance. Qu'on nous prouve donc que Le Vau a participé à la création de toutes ces beautés.

M. Hautecœur a découvert au Musée du Louvre un plan qu'une étude attentive de l'écriture de Dorbay lui permet d'attribuer à cet architecte, et qu'une suite de remarques ingénieuses et probantes l'autorise à dater de 1667. Ce plan aurait donc été dressé dans l'atelier de Le Vau pour se conformer aux intentions de Louis XIV qui venait de choisir le projet d'une façade avec péristyle, c'est-à-dire le projet de Perrault.

C'est sur ce plan que la construction est commencée, dès 1667 ; mais en 1668 Perrault obtient qu'un plan rectificatif soit substitué au plan de 1667 : la colonnade est élargie et le bâtiment du Sud, alors à peu près achevé, sera masqué d'une façade nouvelle en harmonie avec la façade de la colonnade. Dès lors Perrault proposera tous les plans pour l'achèvement du Louvre. Le Vau jusqu'à sa mort (1670) ne s'occupe plus que des travaux de Versailles.

Voici résumé aussi fidèlement que possible, l'exposé de M. Hautecœur. Nous avouons n'y rien trouver qui puisse faire attribuer à Louis Le Vau une part, si minime soit-elle, dans l'achèvement du Louvre. Le plan de 1667 a été donné dans son « agence » dont Dorbay était le chef. Mais ce plan est celui qu'il a combattu dans le conseil des bâtiments, et qu'il est obligé de faire mettre au net par Dorbay, puisque telle a été la volonté du Roi. Ensuite il a cherché à sauver la façade du sud qui était son ouvrage ; il n'y a pas réussi. Enfin, à partir de 1668, Dorbay ne fera plus qu'exécuter, sauf quelques corrections parfois malheureuses, les plans arrêtés par Perrault, et conduira les travaux d'abord comme représentant de son beau-père, puis par lui-même.

Et ainsi se trouve confirmé, presque point par point, le récit de Charles Perrault dans ses *Mémoires*.

# CHARLES PERRAULT
# ET QUINAULT

Perrault et Quinault furent liés dès la jeunesse. En toute occasion, Perrault prit la défense de son ami, ce qui lui attira, comme on l'a vu, l'animosité de Racine.

Après les premières attaques de Boileau contre Quinault, Perrault qui, semble-t-il, entretenait alors d'assez bonnes relations avec son futur adversaire, chercha à réconcilier les deux poètes. Voici comment cette tentative inutile nous est contée par l'architecte Boffrand auteur d'une Vie de Quinault placée en tête du *Théâtre* de Quinault (édition de 1715) :

« Quelques amis voulurent réconcilier Despréaux et Quinault. Perrault leur donna à tous deux un repas chez lui où d'autres personnes se trouvèrent pour être témoins de leur réconciliation. Elle fut très sincère de la part de Quinault, mais elle ne fut qu'apparente du côté de Despréaux. Car Quinault le regardant comme un de ses meilleurs amis, et ayant oublié le passé, le pria à dîner chez lui avec toute la compagnie qui les venait de réconcilier. Despréaux ne jugea à propos de s'y trouver que pour avoir sujet de récidiver dès sa troisième satire. Un pareil procédé fit que tout ce qu'il y avait d'honnêtes gens regardèrent Despréaux de mauvais œil. Desmarets le lui a même reproché de la sorte[1] :

> On te fit un festin pour embrasser Quinault :
> Tous deux, en bons amis, vous fîtes bonne chère ;
> Lui, que le ciel forma libéral et sincère,
> Bientôt en son logis te fit un grand repas ;
> Mais après peu de jours, il ne t'en souvint pas. »

Perrault a rapporté dans un des dialogues du *Parallèle* (t. III, p. 234) comment il fut amené à plaider la cause de Quinault contre ceux qui critiquaient ses opéras et poussaient Lulli à choisir un autre poète.

« Quand il entra dans le monde, et qu'il fit jouer ses premières comédies, ce fut une affluence de spectateurs incroyable, et des applaudissements qu'on entendait des rues voisines. Les prétendus connaisseurs ayant conclu par leurs profonds raisonnements qu'un jeune homme ne pouvait pas entendre le théâtre, dirent qu'il y avait à la vérité quelque lueur d'esprit dans ses comédies ; mais qu'il n'y avait point d'art ni de conduite, comme s'il y avait un plus grand art que celui de charmer tous ses auditeurs, et de les faire revenir trente fois de suite à la même comédie. La vérité est que ses tragédies et ses comédies ne sont pas toutes dans la dernière régularité, mais qui ne sait qu'en fait de comédies, quelques légers défauts ne les empêchent pas d'être belles. Quant il vint à faire des opéras un certain nombre de personnes de beaucoup d'esprit et d'un mérite distingué, se mirent en fantaisie de les trouver mauvais, et de les faire trouver tels par tout le monde. Un jour qu'ils soupaient ensemble, ils s'en vinrent sur la fin du repas vers Monsieur de Lulli, qui était du souper, chacun le verre à la

---

1. Desmarets de Saint-Sorlin, *Défense du poème héroïque*, p. 134.

main, et lui appuyant le verre sur la gorge, se mirent à
à crier : renonce à Quinault, ou tu es mort! Cette plai-
santerie ayant beaucoup fait rire, on vint à parler sérieusement, et l'on n'omit rien pour dégoûter Lulli de la
poésie de Monsieur Quinault; mais comme ils avaient
affaire à un homme fin et éclairé, leurs stratagèmes ne
firent que blanchir. L'on parla de moi dans cette rencontre, et l'un de ces Messieurs dit avec bonté, que
c'était une chose fâcheuse que je m'opiniâtrasse toujours à vouloir soutenir Monsieur Quinault, qu'il est
vrai que j'étais son ancien ami, mais que l'amitié avait
ses bornes, et que Monsieur Quinault étant un homme
noyé je ne ferais autre chose que de me noyer avec lui;
en un mot, que si j'avais un ami dans la compagnie, cet
ami devait m'en avertir charitablement. Monsieur D...
qui avait de la bonté pour moi, et chez qui se donnait
le repas se chargea de cette commission. Après qu'il
m'eut fait sa salutaire remontrance, et que je l'en eus
remercié, je lui demandai ce que ces Messieurs trou-
vaient tant à reprendre dans les opéras de Monsieur Quinault. « Ils trouvent, me dit-il, que les pensées n'en sont
pas assez nobles, assez fines, ni assez recherchées, que les
expressions dont il se sert sont trop communes et trop
ordinaires, et enfin que son style ne consiste que dans
un certain nombre de paroles qui reviennent toujours.
— Je ne suis pas étonné, lui répondis-je, que ces Messieurs qui ne savent ce que c'est que musique, parlent
de la sorte, mais vous, Monsieur, qui la savez si parfaitement, qui en connaissez toutes les finesses, et à qui la
France doit cette propreté et cette délicatesse dans le
chant que toutes les autres nations n'ont point encore,
ne voyez-vous pas que si l'on se conformait à ce qu'ils
disent on ferait des paroles que les musiciens ne pourraient chanter, et que les auditeurs ne pourraient

entendre. Vous savez que la voix, quelque nette qu'elle soit, mange toujours une partie de ce qu'elle chante, et que quelques naturelles et communes que soient les pensées et les paroles d'un air, on en perd toujours quelque chose : que serait-ce si ces pensées étaient bien subtiles et bien recherchées, et si les mots qui les expriment étaient des mots peu usités et de ceux qui n'entrent que dans la grande et sublime poésie, on n'y entendrait rien du tout. Il faut que dans un mot qui se chante la syllabe qu'on entend fasse deviner celle qu'on n'entend pas, que dans une phrase quelques mots qu'on a ouïs fassent suppléer ceux qui ont échappé à l'oreille, et enfin qu'une partie du discours suffise seule pour le faire comprendre tout entier. Or cela ne se peut faire à moins que les paroles, les expressions et les pensées ne soient fort naturelles, fort connues et fort usitées ; ainsi, Monsieur, on blâme Monsieur Quinault par l'endroit où il mérite le plus d'être loué, qui est d'avoir su faire avec un certain nombre d'expressions ordinaires, et de pensées fort naturelles, tant d'ouvrages si beaux et si agréables, et tous si différents les uns des autres. Aussi voyez-vous que Monsieur de Lulli ne s'en plaint point, persuadé qu'il ne trouvera jamais des paroles meilleures à être mises en chant et plus propres à faire paraître sa musique. La vérité est qu'en ce temps-là, j'étais presque le seul à Paris qui osât se déclarer pour Monsieur Quinault, tant la jalousie de divers auteurs s'était élevée contre lui, et avait corrompu tous les suffrages et de la Cour et de la Ville ; mais enfin j'en ai eu satisfaction. Tout le monde lui a rendu justice dans les derniers temps, et ceux qui le blâmaient le plus ont été contraints par la force de la vérité, de l'admirer publiquement, après avoir connu qu'il avait un génie particulier pour ces sortes d'ouvrages. »

IX

# VERSAILLES EN 1688
# D'APRÈS CHARLES PERRAULT

Versailles est le « lieu de la scène » choisi par Perrault pour ses dialogues du *Parallèle*. Les personnages s'arrêtent devant les diverses beautés du château et les commentent, tout en poursuivant leur causerie sur les anciens et les modernes. Nous rassemblons ici quelques indications qui nous sont ainsi données sur les dehors des bâtiments et sur les appartements royaux. Cette description, croyons-nous, n'a pas encore été citée par les historiens de Versailles. Elle n'offre pas la grâce de celle dont, vingt années auparavant, La Fontaine avait fait le cadre de sa *Psyché*, mais elle n'est pas dépourvue d'agrément, et peut-être y découvrira-t-on quelques détails bons à glaner, si l'on veut connaître le Versailles de Jules-Hardouin Mansart, le Versailles de 1688. C'est du 30 octobre 1688 qu'est l'achevé d'imprimer du premier tome du *Parallèle*.

A cette date les nouvelles constructions, commencées en 1680 sur les plans et sous la conduite de Jules-Hardouin Mansart, sont presque toutes élevées. Si les travaux de l'aile du Nord ne sont pas encore terminés, l'aile du Midi est bâtie et habitée. Il ne manque plus rien à la décoration de la galerie des Glaces. Dans les appartements, selon le mot de M^me de Sévigné, « tout est grand, tout est magnifique ». Les bronzes qui doivent orner le parterre d'eau sont encore à la fonte, mais, dans les jardins et les bosquets, l'œuvre de Le Nôtre est réalisée. Il y aura encore à Versailles des remaniements et des adjonctions : la chapelle ne sera terminée qu'en 1710; tant que Louis XIV vivra, son palais sera dans un « perpétuel devenir »; mais dans son ensemble, le Versailles d'alors est à peu près celui que nous avons aujourd'hui sous les yeux.

*Les cours du château.* — « Cette première cour, comme vous voyez, est fort vaste, cependant tous les bâtiments qui sont aux deux côtés, ne sont que pour les quatre secrétaires d'état. La seconde cour où nous allons entrer, et que sépare cette grille dorée, dont le dessin et l'exécution méritent qu'on la regarde, n'est pas si grande, mais ces deux portiques de colonnes doriques, l'architecture du même ordre qui règne partout et la richesse des toits dorés la rendent beaucoup plus belle. Là sont les officiers principaux que leurs charges et la nature de leurs emplois obligent d'être plus proches de la personne du Roi. Cette troisième cour où l'on monte par quatre ou cinq marches, et qui est, comme vous voyez, toute pavée de marbre, est encore moins grande et plus magnifique que les deux autres, les bâtiments qui l'environnent ornés d'architecture et de bustes antiques, comprennent une partie du petit appartement du roi, d'où l'on passe à ces grands et superbes appartements dont vous avez tant ouï parler dans le monde. »

*Le Grand escalier*[1]. — « Cet escalier est singulier en son espèce... La richesse des marbres et l'éclat de cette balustrade de bronze doré qui vous surprend ne sont rien en

---

1. Cet escalier, dit des Ambassadeurs, construit par Dorbay, fut détruit en 1752.

comparaison de la peinture du plafond[1]... Ce sont les neuf Muses diversement occupées à consacrer à l'immortalité le nom du monarque qu'elles aiment et qui fait désormais l'unique objet de leur admiration... J'aime à voir ces galeries où l'œil est trompé, tant la perspective y est bien observée, les diverses nations des quatre parties du monde qui viennent contempler les merveilles de ce palais et surtout y admirer la puissance et la grandeur du maître. La fierté de cet Espagnol un peu mortifié de ce qu'il voit me fait plaisir, je n'aime pas moins la surprise du Hollandais, mais les lunettes de ce Monsignor étonné de voir quelles gens nous sommes présentement dans tous les arts, me réjouissent extrêmement. »

*Le grand appartement.* — « Il faut remarquer que les marbres de toutes les pièces de cet appartement sont différents les uns des autres, et vont toujours en augmentant de prix et de beauté. Ceux de la pièce où nous sommes et des deux qui suivent, sont marbres tirés du Bourbonnais et du Brabant, ensuite sont les marbres du Languedoc et des Pyrénées, puis ceux d'Italie et enfin ceux d'Égypte qui devraient moins être appelés des marbres que des agathes. Vous regardez cette figure avec attention. Il est vrai qu'elle est antique et fort belle. C'est Cincinnatus qu'on va prendre à la charrue pour commander l'armée romaine... Je vous demande en grâce sur les peintures de ce plafond. — Ces peintures sont fort jolies. Cette Vénus au milieu des trois Grâces[2] n'est pas mal dessinée. Les héros et les héroïnes de ces quatre coins qui liés de chaînes de fleurs regardent la déesse avec respect et en posture suppliante, font assez bien leur effet... — L'appartement où nous sommes et celui qu'occupe

1. Peint par Le Brun.
2. Peint par Houasse.

Madame la Dauphine étaient originairement de sept pièces chacun, mais l'admirable galerie que nous allons voir en a emporté quelques-unes. Le nombre de sept donna la pensée de consacrer chacune de ces pièces à une des sept planètes. La salle des gardes fut destinée à Mars, l'antichambre à Mercure, la chambre au Soleil, le cabinet à Saturne, et ainsi des autres. Le dieu de la planète est représenté au milieu du plafond et dans un char tiré par des animaux qui lui conviennent, et est environné des attributs des influences et des génies qui lui sont propres. Dans les tableaux des quatre faces des côtés sont représentées les actions des plus grands hommes de l'antiquité qui ont du rapport à la planète qu'ils accompagnent, et qui sont aussi tellement semblables à celles de Sa Majesté, que l'on y voit en quelque sorte toute l'histoire de son règne, sans que sa personne y soit représentée. — Voilà Auguste qui reçoit cette célèbre ambassade des Indiens où on lui présenta des animaux qu'on n'avait point vus à Rome. Je vois là dessous les célèbres ambassades que le roi a reçues des régions les plus éloignées. Ptolémée que voilà au milieu de ses savants et Alexandre qui ordonne ici à Aristote d'écrire l'histoire naturelle, font penser aux grâces que Sa Majesté répand sur les gens de lettres, et à tout ce qu'elle a fait pour l'avancement des sciences. — Vous avez pu voir dans la Salle des gardes, où nous venons de passer, des héros qui défont leurs ennemis et d'autres qui reviennent triomphants. Il est encore plus aisé d'en faire l'application. — Voici des vases d'orfèvrerie qui méritent assurément d'être regardés et qui le méritent encore plus par la beauté de l'ouvrage que par la richesse de la nature... Ces vases sont d'un maître orfèvre à Paris, le sieur Ballin[1]. — Voilà un

1. « Il y avait des tables d'une sculpture et d'une ciselure si admi-

beau Paul Véronèse, ce sont *les Pèlerins d'Emmaüs*. — Celui qui est opposé en symétrie est la *Famille de Darius* de M. Le Brun. — Voilà le *Saint Michel* et la *Sainte famille* [de Raphaël]. »

*Le Salon de la Guerre.* — « Ce salon-ci est le salon de la Guerre; celui que nous trouverons à l'autre bout de la galerie est le salon de la Paix. Considérez bien, je vous prie, le mouvement, le trouble et l'agitation qui se trouvent dans toutes les figures de ce tableau, afin que vous ayez plus de plaisir à contempler le repos, la douceur et la tranquillité des personnages de celui de la Paix. »

*La Galerie des Glaces.* — « Entrons dans la Galerie et appliquons-nous à y découvrir les principales actions de Louis le Grand à demi cachées sous le voile agréable d'une ingénieuse allégorie... »

[Il est à remarquer que Perrault après avoir longuement loué et commenté la *Famille de Darius*, ne dit presque rien de l'admirable décoration de la Galerie des Glaces par Le Brun].

*Les appartements de l'aile du Midi.* — « Quelle prodigieuse suite d'appartements! — Je doute qu'on en ait

---

rables, que la matière toute d'argent et toute pesante qu'elle était, faisait à peine la dixième partie de leur valeur. C'étaient des torchères ou de grands guéridons de huit à neuf pieds de hauteur, pour porter des flambeaux ou des girandoles, de grands vases pour mettre des orangers, et de grands brancards pour les porter où on aurait voulu, des cuvettes, des chandeliers, des miroirs, tous ouvrages dont la magnificence, l'élégance et le bon goût étaient peut-être une des choses du Royaume qui donnaient une plus juste idée de la grandeur du Prince qui les avait fait faire. Ils ont été fondus pour fournir aux dépenses de la guerre. Nous avons perdu par là un des grands ornements de notre siècle, et un monument éternel de la gloire de la nation, qu'elle aurait pu opposer et à l'antiquité la plus savante dans les beaux-arts, et à tous les siècles qui l'ont suivie; mais le Roi a bien voulu sacrifier au bien public ces marques de sa magnificence, et disposer ses sujets par un exemple si singulier à faire de bon cœur la même chose de leurs plus beaux meubles d'argenterie. » Perrault. *Hommes illustres. — Claude Ballin, orfèvre.*

jamais vu de pareille[1]. *C'est une des ailes du grand corps de logis que nous venons de voir, on achève de bâtir l'autre qui lui fait symétrie.* »

*Le Petit appartement.* — « Nous pourrions retourner sur nos pas, mais il vaut mieux pour voir toujours choses nouvelles, passer par le grand corridor pavé de marbre qui sert de dégagement aux pièces de ces appartements. — Ce corridor nous mènera au petit appartement du Roi. C'est là que vous aurez contentement, vous qui aimez les beaux tableaux, vous n'en avez peut-être jamais tant vu, ni de si beaux dans tous vos voyages. »

*Les appartements du rez-de-chaussée.* — « Voici encore une étrange profusion de marbres, il ne se peut rien de mieux entendu pour un appartement destiné à des bains. Cette cuve de jaspe a pour le moins douze pieds de diamètre, et vingt personnes s'y pourraient baigner à la fois. »

*Les façades vues du parterre.* — « Voilà une grande étendue de bâtiments. — Elle est de deux cents toises et davantage. — La sculpture qui orne ces bâtiments me plaît aussi beaucoup. — Vous remarquez bien, sans doute, qu'on a eu soin que toutes les figures, tous les bas-reliefs et tous les autres ornements, eussent rapport au Soleil qui fait le corps de la devise de Sa Majesté; jusque-là que le cours du Soleil qui fait l'année, est une image de la vie de l'homme, on a observé que les masques qui sont dans les clefs des arcades, en représentassent tous les âges. Le premier masque est d'un enfant de cinq ans ou environ, le second d'une fille de dix ans; le troisième d'un garçon de quinze et ainsi des autres en avançant toujours de cinq

---

1. On sait qu'il ne reste rien de cette « prodigieuse suite d'appartements ». Dans cette partie du Palais tout a été détruit par Louis-Philippe quand il a fait aménager la Galerie des Batailles.

ans en cinq ans, homme et femme alternant jusqu'au dernier, qui est un vieillard de cent ans accomplis[1]. »

[L'ardeur du soleil force les visiteurs à se réfugier dans
« le beau cabinet de bains » pour continuer leur conversation commodément. Quand la chaleur est passée, ils se
promènent dans les jardins.]

*La Pyramide et l'allée d'eau.* — « Considérons, je vous
prie, ces trois fontaines, celle du milieu se nomme la fontaine de la Pyramide, et celles des côtés les fontaines des
Couronnes, ce sont des morceaux d'ouvrages qui méri-
teront longtemps d'être regardés. Mais que dites-vous
de cette nappe d'eau et du grand bas-relief qu'elle couvre
entièrement sans le cacher, ne vous semble-t-il pas que
le mouvement de l'eau donne aussi du mouvement aux
figures, et que ces Nymphes qui se baignent, se baignent
dans de l'eau véritable. ? Voilà un bas-relief dans toutes
les règles, il est du fameux Girardon. Non seulement les
figures y paraissent de ronde bosse et détachées de leur
fond, mais éloignées les unes des autres, et s'enfoncent les
unes plus, les autres moins dans le lointain du paysage :
voilà l'adresse du sculpteur de savoir, comme nous l'avons
déjà dit, avec deux ou trois pouces de relief, feindre
toutes sortes d'éloignements. Descendons par cette
allée qu'on nomme l'Allée d'eau. Ces guéridons de part
et d'autre, qui portent des flambeaux de cristal, mais d'un
cristal mouvant et animé, vous plaisent assurément; et
ce Dragon d'où sort une montagne d'eau, a quelque chose
de terrible qui ne vous plaît pas moins; c'est le Serpent
Pithon qu'Apollon a blessé à mort, et qui semble vomir
sa rage avec son sang. Je prévois que cette fontaine et la
magnifique pièce d'eau qui termine le parc de ce côté-là,

---

1. Ce charmant symbolisme des sculptures de Versailles n'a pas été
respecté dans les restaurations du XIXe siècle.

vous arrêteront longtemps si vous voulez en remarquer toutes les beautés. »

*Le bosquet de l'Arc de Triomphe.* — « Ce mélange d'or et de marbre de différentes couleurs sous cette eau qui redouble leur éclat naturel et parmi cette verdure qui leur sert de fond, forment je ne sais quoi de si charmant et de si fabuleux tout ensemble qu'on se croit transporté dans ces palais enchantés dont parlent les poètes et qui ne subsistent que dans leur imagination. »

*Le bosquet des Trois fontaines.* — « Il semble que l'art ne s'en soit pas mêlé et que la nature seule en ait pris soin ; point de marbre, point d'or, point de bronze, ce n'est que de l'eau et du gazon au milieu d'un bois, mais cette eau et ce gazon sont si bien disposés, et le terrain qui s'élève insensiblement par une douce pente et par des degrés heureusement placés se présente si agréablement à la vue, qu'elle ne peut se lasser d'un objet si naturel et si aimable. Cette pièce est une de celles où l'excellent Monsieur Le Nôtre qui a donné et fait exécuter tous les dessins des jardinages, a autant bien réussi. »

*La pièce d'eau du Marais.* — « Ne trouvez vous pas que ces buffets et ces grandes tables de marbre blanc sont bien superbes, que ces jets d'eau qui sortent de ces joncs et de ces branches d'arbres sont bien rustiques, et que ce mélange du riche et du champêtre donne du plaisir à l'imagination ? »

Ayant visité les autres merveilles des jardins : l'Étoile, l'Encelade, la Salle des Festins, la Galerie des Antiques, la Colonnade, le Labyrinthe et la Salle de Bal, les promeneurs ne peuvent se lasser de regarder tant de chefs-d'œuvre. « La nuit seule mit fin à leur promenade et les obligea de se retirer pour prendre du repos. »

Pendant deux autres journées les trois personnages de

Perrault demeurent à Versailles; mais la rosée du matin, les averses de l'après-midi et surtout la fureur d'argumenter les détournent de la promenade. Cependant à la fin du dernier des dialogues, avant de reprendre la route de Paris, un des visiteurs évoque le souvenir d'un feu d'artifice sur le Grand Canal. Il faut citer cette page qui termine agréablement la série des petits croquis versaillais dessinés par Perrault en marge du *Parallèle*.

« Lé grand Canal et celui qui le traverse depuis Trianon jusqu'à la Ménagerie, étaient bordés d'un bout à l'autre d'une infinité de grands termes de couleurs différentes. A l'endroit où ces deux canaux se croisent, il y avait quatre pavillons d'une très belle architecture, et aux extrémités de ces canaux on voyait des Palais magnifiques, surtout celui de Thétis qui terminait le grand Canal, et qui était d'une grandeur et d'une beauté surprenante. Ces termes, ces pavillons et ces palais étaient remplis d'un nombre infini de lampes qui, en faisant briller les marbres précieux dont ils semblaient être construits, répandaient partout une lumière douce et tranquille, qui jointe au silence de la nuit était d'un charme inconcevable. Rien n'a jamais mieux ressemblé à ce que la Fable raconte des Champs Élysées. Ce n'était ni un vrai jour ni une vraie nuit, mais quelque chose qui avait la beauté et l'agrément de tous les deux. Quand les feux d'artifice commencèrent, au signal qui leur fut donné, à s'élever dans l'air de tous côtés et à broder, si cela se peut dire, le fond brun et paisible de tout le ciel et de tout le paysage, et à y faire éclater un million d'innocents tonnerres que les échos multipliaient encore, les yeux et les oreilles goûtèrent un plaisir qu'il est mal aisé de bien exprimer. Il parut alors dans le milieu du Canal un grand vaisseau portant une pyramide toute de feu le plus brillant et le plus vif qu'on ait jamais vu. Au pied de cette

pyramide étaient des illuminations représentant de
grands trophées d'armes et deux esclaves d'une taille
prodigieuse, le tout peint de la main de l'illustre M. Le
Brun, et éclairé d'un nombre infini de lumières. Après
que ce spectacle se fut avancé gravement et eut charmé
les yeux pendant un espace de temps considérable, le
hasard y ajouta une beauté à laquelle on ne s'attendait
point, le feu prit inopinément et tout à coup au corps du
vaisseau (d'où ceux qui le conduisaient se sauvèrent à la
nage le mieux qu'ils purent), à tous les bois qui formaient
et soutenaient la Pyramide, aux trophées et aux esclaves.
Il s'en forma une autre pyramide de feu purement naturel six fois plus grande que la première, c'était un plaisir
de voir le feu qui sortait immédiatement de l'eau et qui
s'y mirant tout entier, y faisait descendre une autre pyramide de feu aussi grande et aussi lumineuse que celle qui
montait en haut. Tous les rivages en furent tellement
éclairés qu'on se voyait plus distinctement qu'on n'eût
fait en plein jour. Cela fit un extrême plaisir à tous les
spectateurs dont les plus éloignés virent le Roi, la Reine
et toute la Cour comme s'ils n'en avaient été qu'à quatre
pas. Il y a apparence que la Cour même n'en fut point
fâchée; car elle était autant belle qu'elle l'ait jamais
été. La manière dont finit cet agréable incendie plut
encore beaucoup. Tant que l'eau n'entra point dans le
vaisseau qui brûlait, la flamme fut toujours également
brillante, et dès que l'eau y entra, tout s'éteignit en un
moment. Le vaisseau coula à fond, l'eau passa par dessus
et on ne vit plus ni feu, ni flamme, ni fumée. »

# X

# DIALOGUE
# D'HECTOR ET D'ANDROMAQUE,

## TRADUIT PAR CHARLES PERRAULT

Cette traduction en vers d'un célèbre épisode du
sixième chant de l'Iliade a été lue par Perrault à l'Académie française le jour de la réception de Fénelon
(31 mars 1693).

Perrault fit précéder sa lecture d'un préambule dont
voici les premières lignes :

Messieurs,

Quelque soin que j'aie pris jusqu'ici de louer Homère en
toutes rencontres, et de le reconnaître pour le plus excellent,
le plus vaste et le plus beau génie que la poésie ait jamais eu,
cependant parce que j'ai pris la liberté de remarquer quelques
défauts dans ses ouvrages, on s'est élevé contre moi, comme
si j'avais commis quelque grand attentat. J'avais cru que
l'exemple d'Horace qui a dit que le bon Homère sommeillait
quelquefois, pouvait m'autoriser à rechercher les droits qui
lui ont donné lieu de s'expliquer de la sorte : mais ce qui ne
devait être regardé que comme le travail louable d'un grammairien a été relevé comme une entreprise audacieuse digne
de tout le mépris et de toute l'indignation du Parnasse.
J'avoue sincèrement que ce mépris et cette indignation ne
m'ont pas beaucoup mortifié, mais parce que j'ai intérêt

qu'on ne me croie pas d'assez mauvais goût pour être insensible aux beautés de cet excellent poète, et pour ne l'admirer
pas dans les endroits où il est admirable, voici une traduction
que j'ai faite d'un des plus beaux morceaux de l'Iliade... »

Nous ne citons que les derniers vers de ce long morceau :
ce sont, on n'ose dire pas les meilleurs, du moins ceux
où l'on retrouve quelque chose de la simplicité homé-
rique.

Ayant fini ces mots pleins d'une amitié tendre,
Il étendit ses mains vers son fils pour le prendre.
Le jeune Astianax qui regarde attentif
Du belliqueux acier l'éclat brillant et vif,
Et du casque doré la crête menaçante,
Au gré des vents légers fièrement ondoyante,
S'écrie, et de frayeur se retournant soudain,
Embrasse sa nourrice et se cache en son sein.
L'intrépide héros et la sage héroïne,
Voyant avec plaisir cette peur enfantine,
En rirent l'un et l'autre, Hector en même tems,
Ote son casque orné de plumages flottans,
Prend son fils dans ses bras, le baise avec tendresse,
Et pousse vers les Dieux ces vœux qu'il leur adresse :
« Faites, Dieux immortels, que ce fils que je tiens,
En valeur, comme moi, passe tous les Troyens ;
Que son bras en tous lieux remporte la victoire ;
Que revenant chargé de butin et de gloire,
On dise en le montrant : voilà le fils d'Hector ;
Son père était vaillant, mais il l'est plus encor,
Que le bruit de son nom retentisse dans Troie,
Et que sa tendre mère en tressaille de joie. »
A ces mots dont son cœur et se trouble et se fend,
Aux mains de son épouse, il remet son enfant,
Elle qui pour ce fils soupire, espère et tremble,
Le reçoit en pleurant et riant tout ensemble.
Hector qui voit l'excès de son tendre souci,
Tâche à la consoler en lui parlant ainsi :
« Cesse de m'affliger par tes pleurs et tes plaintes,
Cesse de t'alarmer par tant de vaines craintes ;

Il n'est point de Héros assez brave, assez fort,
Si le sort nĕ le veut, pour me donner la mort ;
Et si le sort cruel a ma perte jurée,
Rien ne peut de mes jours prolonger la durée :
Va donc chez toi reprendre et quenouille et fuseaux ;
Façonner de tes mains et toiles et réseaux
Va retrouver en paix tes femmes et tes filles,
Et remettre au travail tes savantes aiguilles ;
Donne toi tout entière à cet unique emploi,
Et laisse pleinement aux hommes comme moi,
Qu'enfanta d'Ilion la généreuse Terre,
Le soin de te défendre, et de faire la guerre. »
Andromaque, dont l'œil ne voit que des malheurs,
Le regarde, le quitte, et redouble ses pleurs.

# LES MÉDECINS ET LA MÉDECINE

Dans le tome IV du *Parallèle*, Charles Perrault qui veille sur l'honneur de sa famille, s'élève en passant contre les plaisanteries de Molière au sujet des médecins. Nous trouvons là l'écho des ressentiments de Claude qui, avant l'art de bâtir, avait longtemps pratiqué celui de guérir.

« L'Abbé. — Il est vrai que la Comédie de nos jours s'en est bien divertie ; elle ne s'est pas contentée de jouer les mauvais médecins, comme elle a joué les faux braves et les faux savants. Elle a traité de ridicule la médecine en elle-même, ce qu'elle n'a jamais fait de la valeur et de la science, en quoi je ne crois pas que Molière puisse jamais être excusé.

« Le Président. — Je ne sais pas à la vérité comment Molière l'entendait ; car s'il y a de méchants médecins, il faut nécessairement qu'il y en ait de bons ; s'il y a une fausse médecine, il faut qu'il y en ait une véritable : mais il en a été suffisamment puni, lorsqu'au lieu d'écouter la médecine sur le mal dont il était pressé, il est mort en se moquant d'elle. Si Molière avait vécu du temps de Galien ou d'Hippocrate, il n'en aurait pas usé de la sorte, et il faut s'en prendre à la différence infinie qu'il y a entre nos médecins et ces grands hommes de l'antiquité.

« Le Chevalier. — Molière se serait moqué de Galien et d'Hippocrate et d'Esculape même; il n'avait dessein que de faire rire, et comme les noms de ces anciens médecins étaient apparemment beaucoup plus vénérables de leur temps même que ne le sont aujourd'hui ceux de nos médecins les plus célèbres, il aurait encore pris plus de plaisir à les tourner en ridicule suivant le génie de la satire, qui préfère toujours pour plaire au peuple les noms illustres à ceux qui ne le sont pas.

« Le Président. — Vous direz tout ce qu'il vous plaira, mais Molière ne se serait pas joué d'un homme à qui l'on donnait le nom de divin. »

# XII

# LES GUICHON
# ET LE MANOIR DE ROSIÈRES

Nous devons aux obligeantes communications du savant bibliothécaire de la ville de Troyes, M. Morel-Payen, les renseignements qui suivent.

Le manoir de Rosières fut acheté en 1656 par Samuel Guichon, conseiller du roi, receveur général et payeur des rentes de l'Hôtel de Ville de Paris.

Samuel Guichon eut une fille, Marie, que Charles Perrault épousa en 1662, et trois fils : *René* qui fut chanoine de Verdun, et dont on retrouve le nom au bas de l'acte mortuaire de son beau-père (*Dictionnaire de Jal*, 2ᵉ édition); *Pierre*, écuyer, conseiller du roi, trésorier général des fortifications de France; *François*. L'acte baptistaire de ce dernier porte la mention assez surprenante que le père, Samuel Guichon, « n'a su signer ».

René et Pierre héritèrent chacun pour moitié du domaine de Rosières dont, à partir de 1685, Pierre resta seul propriétaire.

La tradition veut que Claude Perrault soit pour quelque chose dans les bâtiments du château. Certaines parties de l'édifice sont de l'époque ogivale, d'autres de la Renaissance. Les seules constructions que l'on puisse avec vraisemblance, dater du xvii⁸ siècle, sont : la porte d'entrée, une façade à fronton et les bâtiments de la ferme percés de curieuses lucarnes rondes.

Il semble que Charles Perrault ait, jusqu'à sa mort, conservé des relations avec les Troyens. En effet il a traduit une ode latine de l'oratorien Boutard, chanoine de Troyes, sur l'incendie d'une église de cette ville, survenu le 8 octobre 1700.

La société qui fréquentait à Rosières devait être à peu près la même qui se rencontrait dans le château voisin des Cours. Sur les hôtes de M. Raymond des Cours, père d'un fermier général, on peut consulter les *Mémoires sur les Troyens célèbres* de Grosley et une lettre du même « sur M. Simon de Troyes », lettre qui est reproduite dans l'édition Régnier des Œuvres de La Fontaine (T. VIII, p. 402). Le château des Cours a été rebâti au xviii⁸ siècle, et son jardin français transformé en jardin anglais au xix⁰.

Ce serait un curieux chapitre de l'histoire provinciale de la vieille France, que celui où l'on ferait revivre ces Troyens du xvii⁸ siècle chez qui Fontenelle, La Fontaine, l'érudit Baluze, le P. Tournemine, le P. Bouhours et les frères Perrault venaient en villégiature au temps des vendanges. Malheureusement, jusqu'à présent, nous n'avons que les indications de Grosley, quelques vers attribués à La Fontaine et quelques strophes de Charles Perrault.

# MADEMOISELLE L'HÉRITIER
# DE VILLANDON

C'était une cousine des Perrault : elle était fille de
Nicolas L'Héritier, mousquetaire, poète tragique, historiographe du roi, et de Françoise Le Clerc ; or, le père
de nos Perrault avait épousé une demoiselle Paquette
Leclerc. Elle a été l'amie de Madame Deshoulières et de
sa famille.

Elle semble avoir occupé quelque place dans la société
littéraire de la fin du règne de Louis XIV ; elle avait un
salon et, au dire de Titon du Tillet, les réunions qui
se tenaient chez elle, avaient remplacé les « célèbres
samedis » de M^{lle} de Scudéry. Elle a écrit quelques
contes dont *Finette* ou l'*Adroite princesse* est le plus
connu ; il a été souvent réimprimé à la suite des Contes
de Perrault.

Lorsque parut *Peau d'âne,* elle adressa à l'auteur un
madrigal que celui-ci reproduisit dans la préface de ses
contes en vers ; elle le félicitait de sa naïveté et de sa
décence :

> Ce qui me plaît encor dans sa simple douceur
> C'est qu'il divertit et fait rire
> Sans que Mère, époux, confesseur,
> Y puissent trouver à redire.

Cette cousine avait épousé les admirations de la famille. Elle aimait Quinault et elle détestait Boileau. Dédiant *Finette* à la comtesse de Murat qui, elle aussi, composait des contes, elle écrivait quelques vers et ajoutait : « Au lieu de m'en tenir au goût de M. Jourdain, j'ai rimé sur le ton de Quinault. Je reprends le tour simple au plus vite, de peur d'avoir part aux vieilles haines qu'on eut pour cet agréable moralisateur, et de peur qu'on ne m'accuse de le piller et de le mettre en pièces comme tant d'auteurs impitoyables font tous les jours. » Dans le *Triomphe de Madame Deshoulières reçue dixième muse du Parnasse*, une nymphe qui représentait la Satire, refusait la main à Régnier et à Despréaux, « à l'un parce qu'il avait fait des descriptions trop remplies de grossièretés et d'images choquantes, et à l'autre parce que, ne modérant point son sel trop caustique, il avait au grand scandale du beau sexe réduit à trois le nombre des femmes d'honneur. » A la fin d'un conte intitulé *Les enchantements de l'éloquence*, M{::}lle{:} L'Héritier disait à M{::}me{:} d'Epernon, encore un auteur de *Contes de fées* : « Contes pour contes, il me paraît que ceux de l'antiquité gauloise valent bien à peu près ceux de l'antiquité grecque ; et les fées ne sont pas moins en droit de faire des prodiges que les dieux de la Fable. »

M{::}lle{:} L'Héritier ayant composé un conte intitulé *Marmoison*, écrivait à la fille de Charles Perrault : « On parla de la bonne éducation qu'il (Charles Perrault) donne à ses enfants ; on dit qu'ils marquent tous beaucoup d'esprit ; et enfin on tomba sur les *contes naïfs qu'un de ses jeunes élèves à mis depuis peu sur le papier avec tant d'agrément*. On en raconta quelques-uns et cela engagea insensiblement a en raconter d'autres. Il fallut en dire un à mon tour... Il fut nouveau pour la compagnie qui le trouva fort à son goût et le jugea si peu connu qu'elle m'a dit qu'il fallait le communiquer à *ce jeune conteur qui occupe si spirituellement les amusements de son enfance...* J'espère que vous en ferez part à votre aimable frère, et vous jugerez ensemble si cette fable est digne d'être placée dans son agréable recueil des contes. »

De cette lettre, citée par Paul Bonnefon (*Les dernières années de Charles Perrault*, dans la *Revue d'histoire littéraire*, octobre-décembre 1906) on a voulu conclure que les contes étaient l'ouvrage du fils et non celui du père, mais cela nous semble seulement indiquer que le jeune Pierre faisait un recueil de contes, et que, dans la famille, on feignait de prendre au sérieux les « amusements » de l'enfant.

D'ailleurs Bonnefon a opposé un argument sans réplique à ceux qui soutiennent que le texte des Contes n'est pas de Charles Perrault. Ces contes avaient été d'abord publiés dans le *Mercure* sans nom d'auteur. Or Pierre Darmancourt meurt au mois de mars 1700, et son décès est ainsi annoncé dans le *Mercure* : « M. Perrault-Darmancourt lieutenant dans le régiment Dauphin. Il était fils de M. Perrault, ancien contrôleur des bâtiments du Roi, l'un des quarante de l'Académie française, dont nous avons quantité d'ouvrages de galanterie et d'érudition très estimés. » Pas un mot des *Contes*.

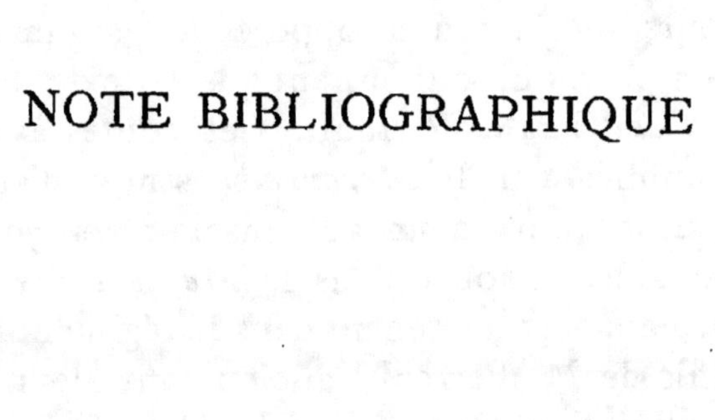# NOTE BIBLIOGRAPHIQUE

# NOTE BIBLIOGRAPHIQUE

---

Ceci n'est pas une bibliographie complète et méthodique. On a voulu seulement indiquer au lecteur quels livres il pourra consulter s'il veut faire plus ample connaissance avec les Perrault, puis on a, à son intention, dressé une liste à peu près complète des divers ouvrages, imprimés ou manuscrits, de chacun des quatre frères.

Sainte-Beuve a souvent parlé de Charles Perrault (*Lundis*, V, 255; *Nouveaux Lundis*, I, 296; *Port-Royal*, passim), et sur lui, comme sur tous les hommes du xvii° siècle, il a dit l'essentiel. Cependant, avant Paul Bonnefon, personne n'avait tenté une étude biographique et critique qui complétât et continuât les précieux *Mémoires* de Charles Perrault : ceux-ci s'arrêtent au début de la querelle des Anciens et des Modernes. Les travaux de Bonnefon ont paru dans la *Gazette des Beaux-Arts* (*Claude Perrault architecte et voyageur*, 3ᵉ période, xxvi; *Charles Perrault commis de Colbert*, 3ᵉ période, xl) et dans la *Revue d'histoire littéraire* (*Charles Perrault. Essai sur sa vie et ses ouvrages*, juillet-septembre 1904; *Charles Perrault littérateur et académicien*, octobre-décembre 1905; *Les dernières années de Charles Perrault*, octobre-décembre 1906).

Sur la construction du Louvre on trouve des détails intéressants dans l'*Architecture française* de Jacques-François Blondel, dans les ouvrages de Vitet, de Babeau et dans un article de M. Hautecœur (*Gazette des Beaux-Arts*, 1924).

Hippolyte Rigault et M. Hubert Gillot ont, à des points de

vue différents, exposé la querelle des Anciens et des Modernes.

Sur Charles Perrault et le contrôle des Bâtiments du roi, il faut se reporter aux *Comptes des bâtiments du roi* (t. I et II) publiés par Jules Guiffrey et aux *Procès-verbaux de l'Académie d'architecture*, publiés par M. Lemonnier.

La deuxième édition du *Dictionnaire* de Jal contient des renseignements intéressants sur la généalogie et les alliances de la famille Perrault.

Les *Contes de fées* ont donné lieu à une littérature très abondante. Nous citerons seulement les notices de Collin de Plancy (en tête des *Œuvres choisies de Perrault*. Paris, 1826), de Paul Lacroix et de Walckenaer (en tête des *Contes de Perrault*, 1826), de Charles Giraud (en tête des *Contes des fées en prose et en vers de Charles Perrault*. Lyon, 1865), d'André Lefèvre (*La Mythologie dans les contes de Perrault*, en tête d'une édition de ces Contes, Paris, s. d.). Si l'on est curieux de l'origine des contes populaires, on peut consulter les *Contes des paysans et pâtres slaves*, par A. Chodzko (traduction ; Paris, 1864), la *Chaîne traditionnelle*, par Husson (Paris, 1874) ; le *Petit Poucet et la Grande Ourse*, par Gaston Paris (Paris, 1875) ; les *Contes de Perrault et les Récits parallèles*, par Saintyves (Paris, 1923), etc.


## ŒUVRES DE PIERRE PERRAULT


*De l'origine des fontaines*. Paris ; Pierre Le Petit, 1674, in-12.

*Le seau enlevé. Poème héroï-comique de Tassoni traduit d'italien en français par Pierre Perrault avec le texte italien à côté de la traduction*. Paris ; Guillaume de Luyne et J.-B. Cognard, 1678, 2 petits in-12.

*Critique des deux tragédies d'Iphigénie d'Euripide et de M. Racine et la comparaison de l'une avec l'autre*. Non publiée. B. N., fonds français, n° 2385.

*Critique du livre de Don Quichotte de la Manche*, non publiée. B. N., fonds français, n° 25572.

## ŒUVRES DE CLAUDE PERRAULT

*Thèses quodlibétaires pour le grade de Bachelier en médecine.* Un exemplaire en est conservé à la Bibliothèque de l'Arsenal, dans le recueil n° 3318, in-folio, *Sciences et Arts.*

*Les Murs de Troye ou l'Origine du burlesque.* Le premier chant de ce poème auquel collabora Claude Perrault a été publié en 1653. (Paris, Louis Chamhoudry, in-4°). Le second chant qui est entièrement l'œuvre de Claude, était resté manuscrit ; il a été publié pour la première fois par Paul Bonnefon dans la *Revue d'Histoire littéraire* (15 juillet 1900).

*Mémoires pour servir à l'histoire naturelle des animaux.* Paris, Imprimerie royale, 1671, continué en 1676, in-folio.

*Traduction de Vitruve*, imprimée aux frais du Roi, Paris, 1673, in-folio. Un abrégé parut en 1674, une nouvelle édition revue et augmentée en 1684.

*Ordonnance des cinq espèces de colonnes selon la méthode des anciens.* Paris, 1683, in-folio.

*Essais de physique ou Recueil de plusieurs traités touchant les choses naturelles.* Paris, 4 volumes in-12, 1680-1688.

### ŒUVRES POSTHUMES

*Le Cabinet des Beaux-Arts ou recueil des plus belles estampes gravées d'après les tableaux originaux, où les Beaux-Arts sont représentés avec l'explication de ces mêmes tableaux par M. Perrault, de l'Académie des Sciences.* Paris chez Edelinck, 1693.

*Recueil de plusieurs machines de nouvelle invention.* Paris, 1700, in-4°.

*Voyage à Bordeaux*, publié pour la première fois par Paul Bonnefon à la suite de son édition des *Mémoires* de Charles Perrault. Paris, 1909, in-8°.

## ŒUVRES DE NICOLAS PERRAULT

*La Morale des Jésuites extraite fidèlement de leurs livres imprimés avec la permission et l'approbation des supérieurs*

*de leur Compagnie*, par un docteur de Sorbonne. Mons, 1667.
(Œuvre posthume.)

Des manuscrits de Nicolas Perrault (traité de la *Résidence
des évêques*, traité de la *Blanque*, etc.), sont conservés à la
Bibliothèque nationale, fonds français nᵒˢ 23467, 24713, 25292,
25574.


## ŒUVRES DE CHARLES PERRAULT


*L'Énéide burlesque*. — Le manuscrit d'après lequel Paul Bonnefon a publié cette traduction du sixième livre de l'Énéide
(*Revue d'histoire littéraire*, janvier-mars 1901) est de la main
de Charles Perrault ; mais, comme il a été dit, tous les frères
Perrault collaborèrent à ce petit ouvrage. C'est un poëme de
famille, comme le premier chant des *Murs de Troye*, men-
tionné dans la bibliographie de Claude Perrault.

*Courses de têtes et de bagues faites par le Roi et par les
Princes et Seigneurs de la Cour en 1662.* Paris, 1669, in-folio.

*Recueil de divers ouvrages en prose et en vers, dédié à
S. A. Mgr le prince de Condé.* Paris, Jean Guignard, 1675,
in-4º ; 2ᵉ édition : J.-B. Coignard, 1676, in-12. — Ce recueil
contenait, à peu de chose près, les mêmes pièces que le magnifique manuscrit enluminé offert par Perrault à la Bibliothèque du Roi. La plupart de ces poésies et de ces opuscules
avaient paru séparément en librairie les années précé-
dentes. Nous jugeons inutile d'énumérer les premières éditions. Nous nous contentons de donner la table du Recueil
imprimé de 1675 : *Lettre à Monsieur Bontemps ; Lettre à
M. l'abbé d'Aubignac ; Dialogue de l'Amour et de l'Amitié ;
Le Miroir ou la Métamorphose d'Orante ; La Chambre de
justice de l'Amour ; Discours sur l'acquisition de Dunkerque ;
Le Parnasse poussé à bout ; Lettre à M. Conrart ; Traduction
d'une épître du Chancelier de l'Hospital au Cardinal de
Lorraine sur le sacre de François II et sur la manière dont
il doit gouverner son royaume; Portrait d'Iris ; Billet à
Mademoiselle XXX en lui envoyant le portrait de sa voix ;
Portrait de la voix d'Iris ; Ode sur la paix ; Ode sur le ma-
riage du Roi ; Ode au Roi sur la naissance de Monseigneur
le Dauphin ; Elégie ; La Peinture ; L'Amour Godenot ; Les
Neuf muses ; Sur la prise de Marsal; Sonnet ; Sur une belle*

*voix,* madrigal ; *Remerciement à Messieurs de l'Académie française ; Compliment de l'Académie française, fait à Madame la Chancelière en quittant l'Hôtel Séguier où elle s'assemblait pour aller tenir ses séances au Louvre ; Compliment de l'Académie française fait au roi à son retour de la campagne d'Hollande ; Le Labyrinthe de Versailles ; Critique de l'Opéra ou Examen de la tragédie intitulée Alceste ou le Triomphe d'Alcide ; Réponse à un poème de M. Quinault.* — Les trois dernières pièces (*le Labyrinthe, la Critique d'Alceste* et la *Réponse à M. Quinault*) ne figurent pas dans le manuscrit de Versailles aujourd'hui conservé au Musée Condé, à Chantilly. En revanche le manuscrit renferme deux petits poèmes qui manquent dans le recueil imprimé : *le Faux Galand et la Vraie coquette,* et une *Ode sur l'attentat commis à Rome en la personne de l'ambassadeur de France;* le texte en a été reproduit par Bonnefon dans la *Revue d'Histoire littéraire* (juillet-septembre 1904).

*Le Banquet des Dieux pour la naissance de Monseigneur le duc de Bourgogne.* Paris, J.-B. Coignard, 1682, in-4°.

*Saint Paulin, évêque de Nole, avec une épître chrétienne sur la Pénitence et une Ode aux nouveaux convertis.* Paris, J.-B. Coignard, 1686, in-8°.

*Parallèle des Anciens et des Modernes en ce qui regarde les Arts et les Sciences.* Paris, J.-B. Coignard, 4 volumes 1688-1697, in-12. — Le poème du *Siècle de Louis le Grand* et l'épître à Fontenelle, *le Génie,* sont imprimés à la suite du tome I du *Parallèle.*

*La Création du monde.* Poème. Paris, J.-B. Coignard, 1692, in-12. C'est le premier chant du poème qui sera publié en 1697 sous le titre : *Adam ou la création de l'homme, sa chute et la réparation.*

*Les Hommes illustres qui ont paru en France pendant ce siècle, avec leurs portraits en nature.* Paris, 1696-1700, 2 vol. in-folio. Le même ouvrage parut en 1701 sans gravures, 2 vol. in-12.

*La marquise de Salusses ou la patience de Griselidis,* nouvelle (sans nom d'auteur). Paris, J.-B. Coignard, 1691, in-12.

*Griselidis, nouvelle, avec le conte de Peau d'Ane et celui des Souhaits ridicules.* Paris, J.-B. Coignard, 1694, in-12.

*Histoires ou Contes du temps passé avec des moralités.* Paris, Claude Barbin, 1697, in-12. C'est la première édition des Contes en prose de Charles Perrault. Nous ne ferons pas le dénombrement de toutes celles qui ont paru depuis deux siècles. La dernière en date (Paris, Aveline, 1923) a le mérite de reproduire l'édition originale de 1697.

*Traduction des Fables de Faërne*. Paris, J.-B. Coignard, 1699, in-16.

Un grand nombre d'opuscules, en prose et en vers, de Charles Perrault sont disséminés dans divers recueils. Nous citerons seulement ceux qui peuvent lui être attribués en toute certitude.

Dans le Recueil des pièces de poésies « qui ont été lues à l'Académie française en différentes occasions et qui n'ont été imprimées dans aucun recueil », on trouvera : une *Ode à Monseigneur le Dauphin sur la prise de Philisbourg* (1689) ; une *Epître à M. le président Rose* (1691) ; une *Ode au Roi* (1693) ; une *Ode à l'Académie française* sur les plaisirs de la vie de campagne à Rosières (1693) ; une épître à de M. de Rosières *sur la Chasse* (1693) ; le *Dialogue d'Hector et d'Andromaque tiré du sixième livre de l'Iliade* (1693) ; *La Gloire mal entendue* (1696) ; et, dans le Recueil des discours de l'Académie, les réponses de Perrault à M. de Caumartin (1695) et à M. de Sacy (1701), lors de leur réception.

Sous le titre d'*Œuvres posthumes*, un éditeur de Cologne, (1729) a réédité les pièces de Perrault qui composaient le recueil de 1675, mais il y a joint : le *Remerciement de Perrault à l'Académie* ; une *lettre à M. D*** touchant la préface de son ode sur la prise de Namur* ; une *lettre à M. P*** où l'ode de M. D*** est comparée avec l'ode que M. Chapelain fit autrefois pour le cardinal de Richelieu* ; enfin l'*Apologie des femmes*, réponse de Perrault à la dixième satire de Boileau.

Dans le *Recueil de pièces curieuses et nouvelles tant en prose qu'en vers* que publiait à La Haye le libraire-contrefacteur Moëtjens, on trouvera le *Triomphe de Sainte Geneviève* (t. II, 2ᵉ partie) et l'*Idylle à M. de la Quintinie* (t. II, 5ᵉ partie) avec un grand nombre d'autres ouvrages de Perrault, que nous avons déjà cités.

Si nous indiquons ici ces recueils, c'est pour simplifier les recherches du lecteur, car la plupart des éditions originales de ces opuscules sont devenues très rares.

#### ŒUVRES POSTHUMES

*Mémoires de ma vie.* Ce récit a été publié pour la première fois en 1755 à Avignon. En 1759, l'architecte Patte en a donné une seconde édition aussi fautive que la première ; le texte avait été altéré, et de nombreux passages avaient disparu. C'est seulement en 1909 que Paul Bonnefon a donné une édition fidèle des *Mémoires* d'après le manuscrit conservé à la Bibliothèque nationale (chez Laurens, in-8°).

*L'Oublieux,* petite comédie publiée par H. Lucas ; Paris, 1868, in-12.

Enfin il existe à la Bibliothèque nationale un manuscrit de Charles Perrault, intitulé *Pensées chrétiennes et Pensées morales, physiques, métaphysiques et autres qui regardent la philosophie* (fonds français 25575), auquel nous avons fait quelques emprunts.

VIGNETTE DE SÉBASTIEN LE CLERC
pour le « Poème de Saint Paulin »

# TABLE DES GRAVURES

N.-B. — On a reproduit sur la couverture les ornements d'un médaillon de la Colonnade, d'après un dessin de Claude Perrault.

DESSIN DE SÉBASTIEN LE CLERC
pour le manuscrit du « Recueil de divers ouvrages
en prose et en vers »

(Musée Condé)

# TABLE DES MATIÈRES

## APPENDICES

ÉVREUX, IMPRIMERIE CH. HÉRISSEY. 900

www.ingramcontent.com/pod-product-compliance
Lightning Source LLC
LaVergne TN
LVHW050259060726
842525LV00002B/338